走近科学

GUJI XUNZONG
古迹寻踪

《走近科学》丛书编委会 编

科学普及出版社
·北京·

GUJI

图书在版编目(CIP)数据

古迹寻踪/《走进科学》丛书编委会编. —北京：科学普及出版社，2012

（走进科学）

ISBN 978—7—110—06781—9

Ⅰ．古… Ⅱ．走… Ⅲ．名胜古迹－世界－普及读物 Ⅳ．K917—49

中国版本图书馆 CIP 数据核字（2008）第 200101 号

本图书贴有防伪标志，未贴为盗版

科学普及出版社出版
北京市海淀区中关村南大街 16 号　邮政编码：100081
电话：010-62173865　传真：010-62179148
http://www.cspbooks.com.cn
科学普及出版社发行部发行
北京世汉凌云印刷有限公司印刷
*
开本：720 毫米×1000 毫米 1/16　印张：6.75　字数：130 千字
2012 年 3 月第 2 版　2012 年 3 月第 1 次印刷
ISBN 978-7-110-06781-9/K.87
印数：1-5000 册　定价：29.90 元

（凡购买本社的图书，如有缺页、倒页、脱页者，本社发行部负责调换）

XUNZONG

《走近科学》丛书编委会

总 顾 问	路甬祥		
顾 问	高　峰		
主 编	高长龄		
编 委	（按姓氏笔画排序）		
	王亚菲	王宝成	石同欣
	史晓强	李向东	张　力
	张　跃	陈　峰	陈华生
	周东元	赵　捷	柯伟兵
	高　峰	高长龄	郭之文
	郭宝通	薛继军	
编 辑	郭之文	刘一樵	卢玉驹
	黄　虎	耿舒立	

策划编辑	肖　叶
责任编辑	肖　叶
	梁军霞
封面设计	少　华
责任校对	张林娜
责任印制	马宇晨
法律顾问	宋润君

GUJI XUNZONG

前言 Qian yan

2001年7月，中国中央电视台科教频道（CCTV—10）随着国家"科教兴国"战略的实施应运而生。

科教频道传播现代科学知识，提倡先进教育理念，介绍中国和世界的优秀文化，逐步形成了鲜明的"教育品格，科学品质，文化品位"的频道特色，在社会上赢得了广泛的赞誉。几年来，《探索发现》、《绿色空间》、《人物》、《走近科学》、《天工开物》等众多电视栏目制作播出了大量脍炙人口的节目。这些充满了人类智慧，承载着古今中外文明果实的节目引发了观众对科学的兴趣，引导着观众走近科学。

科教频道播出以来，吸引了越来越多的忠实观众。但电视传播转瞬即逝的局限，也使得许多人无法随自己的方便收视心仪的节目。对他们来说，订阅《走近科学》杂志便成了弥补不能及时收视这一缺憾的选择。

《走近科学》月刊是中国第一本电视科学杂志。它将中央电视台科教频道的优秀电视节目转化为平面媒体，伴随着科教频道的前进，探索了一条跨媒体科学文化传播的新路。

今天，我们又将《走近科学》杂志近年来刊载的最受读者喜爱、关注，最富趣味性和知识性的热点内容——科教频道优秀节目的结晶，分类结集成书，奉献给喜爱科教频道节目和喜爱《走近科学》杂志的广大观众与读者，以感谢你们对科教频道和《走近科学》杂志的厚爱与支持。

编 者
2009年3月

目录

- 应县木塔／1-4
- 发现红山／5-10
- 淮畔寻古／11-17
- 彩俑寻根／18-23
- 遥远的古格王朝／24-30
- 秘典沉浮／31-37
- 寻找墓穴的主人／38-43
- 八阵图寻踪／44-49
- 失落的古国／50-54
- 巨墓迷踪／55-59
- 洋海古墓／60-64
- 楼兰后人今何在／65-70
- "魔鬼城"／71-76
- "魔鬼城"的主人／77-81
- "碗礁"之谜／82-86
- 殷墟宝藏／87-92
- 劫后宝藏／93-99
- 通向地球过去的时空隧道／100-102

应县木塔

晋北的应县木塔，是山西文物的象征，无数的山西人为有这样一座千年古塔而感到骄傲。应县木塔，全称叫做佛宫寺释迦塔，建于辽清宁二年（公元1056年）。历经近千年的风雨侵蚀，木塔至今仍耸立在黄土高原上。

应县木塔全景

世界建筑史的奇迹

雾霭中的木塔，庄严肃穆，就像一位趺坐的得道长者，聆听着寺院的晨钟暮鼓，睨视着尘世的潮涨潮落。

应县木塔迄今已有953年的历史，总高为67.13米，是世界上现存最高的木构建筑。木塔的结构设计十分先进，下有4米高的两层四方形石砌塔基，上为八角形楼阁式塔身，外观五层六檐，内则一至四层有暗层，故实为九层。塔体结构采用内槽柱和外檐柱构成双层套筒，在各层以梁架、斗拱相互联系，与现代高层建筑所采用的"内外筒体加水平桁架"的结构体系极为相似，具有极好的整体性。而且构件间全部以榫卯连结，不用一铁一钉。

除了高度和结构，木塔的建筑艺术造型也非常独特，各层之间在比例关系上都作了十分精确的计算；上面几层的柱子矮些，下面几层柱子高些，建筑感很强。光是斗拱的组合方式就有几十种，真让人难以想象当年的工匠是怎样做的。

清华大学建筑学院郭黛恒教授说，有人称这一世界上唯一存在的千年木塔为"世界建筑史上的奇迹"，我认为它当之无愧。11世纪的西方没有留下什么像样的建筑，一直到13世纪，欧洲才出现一些很一般的木质建筑，如马厩之类。

木塔使用了中国传统的斜撑、梁枋和短柱等建筑方法，使整个塔连成一个整体，既坚固，又壮观。木塔结构奇巧，集实用和观赏于一体。实践证明，它是建筑结构与使用功能设计合理以及造型艺术的典范之作，是中国古代建筑史的一大奇迹。

塔内供奉佛像以及壁

精巧的木结构

应县木塔经历岁月的风霜，受到了自然和人为的种种破坏。这座塔经历过十多次较强地震，有3次都在6级以上，木塔仍安然无恙。1305年，大同地震，震毁房屋5 800多间。元朝顺德年间，应州大震7日，木塔旁边的房舍全部震毁。1966年的邢台地震、1976年的唐山地震，都波及到应县。当时木塔整体摇动，风铃震响，持续约1分钟，但木塔整体未受损害。又如，1267年和1324年，当地两次发生洪水，房倒屋塌，冲毁了县城，但木塔仍然屹立。近代战争频繁，战争双方攻守之间，木塔经历了枪林弹

神态生动的佛像

画等，均具有辽代风格，是中国艺术珍品。第一层供奉的释迦牟尼像甚至按照契丹族的习惯被画上了胡子，还挂着耳环，与国内其他地方的释迦牟尼像区别明显，具有独特的宗教学、美学的价值。木塔暗层的许多梁枋上都绘有精美的图案。有些彩绘笔触生动，形象呼之欲出，具有很高的艺术水准。

精美绝伦的木结构建筑

应县木塔几乎全是用木柱支撑的，第一层有24根明柱，直径60厘米，长9米，底层墙里还有16根暗柱。这40根木柱支撑着这座60多米高、5 700多吨重的木塔。根据测算，木塔共用木料3 000多立方米，构件总数以10万计。据测，建筑该塔实用木材3 500立方米以上，重3 000吨左右。

精美的壁画

释迦牟尼像

雨。1926年，国民党军队与晋军在应县境内激战，木塔遭炮击，中弹200余发。木塔伤痕累累，它竟仍巍然挺立！

专家认为，应县木塔本身精巧的结构体系和工匠对建筑材料的精心选择以及当地易于木材保存的独特气候，是保证木塔千年不倒的原因。历史雄辩地证明，应县木塔体现了中国古代匠人的高超技艺，所以，人们赞它是"峻极神工"。两位曾参与上海东方明珠电视塔设计与建筑的院士认为，木塔空间结构体系近似于世界上一些高层建筑。

以现代科学观照古代智慧

虽然应县木塔至今挺立依旧，但近千年岁月的剥蚀、天灾人祸的创伤，它已经不堪重负。如今塔体已扭曲变形，并有100余处残损。最严重的是第二、第三层整个向东北方向水平扭转，这两层西面的柱子也向东北方向倾斜，被称为东方的比萨斜塔。正如修缮委员会副主任柴泽俊先生说："如果今后遇上狂风、地震等严重自然灾害，很难保证古塔安全。"实际上，木塔的现状还在继续恶化。对此，专家们深感忧虑。

为了弄清应县木塔的各项理化指标，为下一步维修保护提供科学依据，有关专家从2000年就开始了实地勘察。后来，中国科学院力学所、国家地震局北京强震研究中心、太原工业大学、山西勘探测绘研究院联合对木塔进行了应力测试。

应县所处的雁北地区属地震多发地带。地震是对木塔构成严重威胁的最主要的自然因素，因此也是中国科学院力学所和太原理工大学共同负责的重点实验项目之一。因为要记录自然振动对塔造成的影响，所以这项实验要持续相当长的时间。

这次科研人员要完成的另一个重点项目是位移测试。由于木塔构件压缩、折断和扭曲严重，了解位移情况将为木塔的保护和维修提供必不可少的参考依据。

李世温老人是山西理工大学的资深教授，他是这次参加实验的二十多名工作人员中年龄最大的一位。从20世纪70年代开始到现在，他已经多次来到应县对木塔进行考察。这

结论。他们现在正准备做应变测试，即了解外作用力在木塔结构之间的传递规律，塔身受力后的反应和承受能力的大小。应变测试的主要设备安装在木塔一层佛像的背后。由于实验要求精度高、周期长，所以工作只能在安静的夜晚进行。这是一项非常辛苦和繁琐的工作，大家经常要忙到凌晨一两点钟。

目前，实验的现场测试部分陆续结束了。在几项主要测试中，太原勘探院首先获得了比较直观的结果。这个结果显示，最近40年当中，木塔的损坏程度正在迅速加剧。

木塔的测试实验已告一段落，但对于所有参加实验和将要参与维修工程的专家们来说，他们感受到的责任和压力又增加了一分。作为21世纪的科学工作者，他们将以辛勤的劳动，对祖先的智慧和创造作出相称的回应。

为修缮作科学测定

次他带领学生和同事来到应县，不仅是因为此项实验至关重要，更因为多年心神相依，他已形成了"木塔情结"。

中国科学院力学所和太原理工大学是这次测试的两个密切合作的单位。具体实验操作则由李世温教授和他的课题小组完成。得到的数据送到中国科学院力学所进行分析，并得出

发现红山

在内蒙古自治区赤峰市东北方向不远处，有一片褐红色的山峦，当地人称它为"乌兰哈达"，即红山。红山令人向往的不仅仅是它的美丽，还有它所代表的悠久历史和文化。

20世纪30年代的红山

有这样一个关于红山的美丽传说：红山原本是青色的，在很久以前，西王母有9个女儿，被红山的美妙风光所吸引，趁着西王母与穆天子约会之机，偷偷下凡，来到这里，仙女们在山上嬉戏，湖中畅游。后来被西王母知道了，便派太白金星下凡传旨，责令九仙女立即回宫。但9个仙女不想回去，西王母一气之下，打翻了身边的胭脂盒，那红红的胭脂，飘飘荡荡洒落在山上，将青山变成了红色。西王母想，既然你们无情，我也无义，就让你们站在那里吧，随即经她一点化，9个姑娘变成了红山上的9座山头。

面对美丽的红山，地质学家从科学的角度，为人们解开了红山的红色之谜：在地质发展过程中，这里形成了大量的花岗岩山体，它们的矿物成分都是由石英、钾长石、斜长石、黑云母等组成，花岗岩体本身的色调，取决于岩石中矿物成分的含量，如果含钾长石高的话，岩石的色调便会呈现红色，而赤峰地区的红山，含有50%以上的钾长石，所以它具有艳丽的红色色调。

红山的闻名，并不仅因为它的美丽，还有它所代表的悠久历史

1906年的一天黄昏，一个个子不高的日本人，走进了建于清代康熙十八年、位于赤峰南部的喀拉沁王府。他就是日本人类学家、考古学者鸟居龙藏。

鸟居龙藏是一位传奇式的人物。还在小学读书时，他就对探究古墓和收集石器产生了浓厚的兴趣。18岁那年，他在家乡德岛试掘了一座古坟，并撰写了发掘报告书，在东京的《人类学杂志》上发表，从而一举成名。靠挖掘古墓成名的鸟居龙藏，在1906年应喀拉沁第十二代亲王贡桑诺尔布的邀请，以教师身份来到王府。

贡桑诺尔布在喀拉沁

1906年到赤峰考察的日本学者鸟居龙藏（左三）

先后创办了崇正文学堂、毓正女学堂等学校。鸟居龙藏名义上是王府聘请的教师，但他的心思和兴趣，却放在了考古调查上。他曾经在赤峰一带进行考察，发现了许多新石器时代遗址。鸟居龙藏在文章中这样记载，1907年的夏天，他和夫人带着出生不到3个月的女儿，由赤峰出发，渡过西拉木伦河而入巴林，越过辽上京及行宫，到达外蒙古等地。在这次旅行中，他有许多发现，并见到环绕着石头的古墓。

其实，鸟居龙藏看到的这些环绕石头的古墓，其中有的就是后来震惊世界、被专家们称为"积石冢"的红山文化墓葬。因为他的考古活动仅限于地面采集，埋藏在地下的中国远古文物才没有受到袭扰。1908年，结束了3年内蒙古生活的鸟居龙藏，带着对红山文化不甚理解的遗憾，离开了喀拉沁。

鸟居龙藏发表的关于内蒙生活的著作

1919年，内蒙古东部的林西、赤峰、朝阳地区，再次出现了一个外国人的身影。这个人是法国神甫、自然科学博士桑志华。

到赤峰考察过的法国神甫桑志华

早在1912年，26岁的桑志华就有了一个大胆的设想，那就是深入到中国黄河流域、蒙古地区和西藏一带去进行考察。他于1914年3月从法国启程来到中国。同年7月，桑志华开始了在中国的田野考察。桑志华在中国北方的行程总计近5万千米，他的足迹甚至到了西藏东部地区。在桑志华的队伍里，还有著名的法国地质学家和古生物学家德日进。

据有关资料记载，在1922年至1924年期间，桑志华多次到过赤峰。赤峰市里的一座小教堂,曾经是他落脚歇息的地方。在这里,他发现的新石器时代遗址多达22处。还在中国的土地上发现了旧石器时代遗址,并采集了一些史前文物标本。由于历史的局限和客观条件的限制,那些后来震惊世界的红山文化考古重大发现,与他擦肩而过。

1930年冬季,一个面容削瘦的青年人,顶着刺骨的寒风到达赤峰,他就是梁启超的儿子梁思永

梁思永,1904年10月7日生于澳门。1915年,他和哥哥梁思成一同进入清华学校读书。1923年,19岁的梁思永从清华学校毕业以后,远渡重洋到美国哈佛大学研究考古学和人类学。

留学期间,他认真阅读了鸟居龙藏和桑志华撰写的赤峰考古调查研究的论著,开始关注红山文化。1930年,获得哈佛大学硕士学位的梁思永回到中国,到中央研究院历史语言研究所考古所工作。1930年8月,梁思永得到一个非常重要的消息,有人在内蒙古的林西一带发现了新石器时代遗存。这太重要了!长期以来人们一直认为长城以北就是荒漠,没有文化,现在居然找到了新石器遗址,考古所马上决定,派梁思永走一遭。

就在梁思永整装待发之际,传来一个坏消息:通辽一带爆发了严重鼠疫,将原先打算从北路进入热河的路口阻断。进退两难之际,从东北传来另外一个信息:有人在黑龙江的昂昂溪附近,发现新石器遗址。于是梁思永立即打点行装前往那里。

9月19日,梁思永从北平出发,28日到达发掘现场。工作3天之后,因为天气变冷而被迫停工。梁思永面临着两种选择,第一打道回府,如此恶劣的环境,回北京天经地义;第二就是南下热河。梁思永没有任何犹豫,马上决定取道东北,南下热河。1930年10月下旬,梁思永到达林西。由于以前到过这里的鸟居龙藏与桑志华仅限于地面调查,虽然发现了很多地点,找到了很多遗址,但是所得到的标本、遗物,不是经过科学发掘得到的,没有地层关系。在埋藏学上,地表遗物的年代肯定要晚于下边地层的年代,所以他们得到的东西没有地层关系,就确定不了具体年代。

梁思永下决心,准备在林西县作一次较大规模的发掘,以解决这些遗物在地下的分布问题。发掘的地点被当地百姓叫做"哈拉海",这是一块沙窝子地,距离县城大约4千米。当时,从林西到赤峰的南北大道由它的中心穿过。

但是,天气不遂人愿。梁思永到达林西几天前,这里就飘起了雪花。梁思永到达的那天,林西县又刮起了西北风,温度也降到零摄氏度以下,遗址地表上的土层冻得像石头一样坚硬。

梁思永(1904—1954)

第二地点一号冢四号墓出土的玉猪龙

玉猪龙

在这种情况下，他将挖掘计划改成在赤峰一带进行地面采集。在赤峰，梁思永收获了新石器时期的石器和陶片等一批文物。

11月27日，梁思永结束了在热河的考古工作，回到了北平。梁思永回到北平不到一年，就从东北传来了令人更加不安的消息。

1931年9月18日，日本关东军发动了"九一八"事变，企图在文化上入侵中国的日本人打起了红山的主意

"九一八"事变后4个月之内，东北三省沦陷。1932年2月25日，日本军队继续进犯热河各县。3月2日，日军侵占赤峰。1933年的3月4日，日军占领热河省会所在地承德。日军占领热河仅仅4个月之后，也就是1933年的7月23日，打着学术研究旗号的日本第一次满蒙学术调查团便迫不急待地来到热河，在朝阳、凌源、兴隆、承德、赤峰等地，对一批新石器时代遗址进行调查并带走了一批石器、陶器和几座青铜墓葬中出土的青铜器。

受到第一次满蒙学术调查团的诱惑，有日本考古学之父之称的滨田耕作亲自出马，带领一个所谓纯粹的考古团体，于1935年的夏天到达赤峰，在那里进行了3个星期的大规模发掘。对这次考古活动日本关东军给予了特别关照，不仅在发掘现场派出了警戒，考古团每天由驻地到工作地点也由关东军提供车辆接送。日本人这样做的真正目的是什么呢？原来，日本内阁制定了欲灭亡中国，必首先灭亡满蒙的所谓"大陆政策"。日本的史学界、考古学界,按照日本政府的这一政策对中国东北、内蒙古的东部进行了大量的考古和历史研究。为炮制满蒙从来就不属于中国和满蒙独立论寻找所谓的历史依据。

根据有关资料记载,在红山后,日本人发掘了2处新石器时代居住址、31处墓葬,出土人骨29具、动物骨20具、陶器等16件、玉石珠380颗、骨器33件、青铜器14件,采集品达1 000多件。日本的考古学家们将他们攫取的所谓"成果",全部带回了日本,放在了京都帝国大学教研室。3年之后,滨田耕作等人发表了名为《赤峰红山后》的发掘报告。

就在日本人在赤峰等地进行文化掠夺的时候,梁思永因为患肋膜炎病倒了。直到1934年的春天才逐渐康复。刚刚恢复健康的梁思永,急着要做的第一件事,就是立即整理在热河采集的材料。

1934年秋天,梁思永的热河考古报告发表,中国学者由此开始了热河新石器的专述

当时,对新石器时代的研究还没有得到学术界的注意,人们的兴趣还只限于黄河流域的仰韶文化。梁思永的这篇考古报告,是由中国考古学者书写的第一篇专论热河新石器的文字。在报告里,梁思永无限伤感地写道:"在不到4年的时间里,东北4省接连被日本军占领了,中国的考古工作者,不应忘记我们没有完成的工作。"

日本投降之后,在四川宜宾李庄的梁思永得以回到北平休养。1949年春天,梁思永迎来了北平和平解放。1950年8月,中国科学院考古研究所在北京成立,梁思永任副所长。

新中国成立后的第四个年头,著名历史学家、考古学家尹达将自己撰写的

出土C形玉雕龙的翁牛特旗

红山文化的命名者尹达

部分学术论文汇编成册，准备取名为《中国新石器时代》发表。在病中的梁思永仔细看了尹达撰写的论文以后，建议他把赤峰红山新石器写进文稿。1955年12月，尹达著的《中国新石器时代》出版。根据梁思永的意见，尹达专门加写了《关于赤峰红山后的新石器时代遗址》一章作为补充。而此时，梁思永已经因病去世一年多了。

在《关于赤峰红山后的新石器时代遗址》一章里，尹达写道："红山后新石器时代遗址，从陶器和石器的特点分析，这种文化遗存，很可能是细石器文化和仰韶文化相互影响之后，所发生的新的文化遗存。也就是说，是含有细石器文化和仰韶文化两种因素的文化遗存，我们可以名之为中国新石器时代的红山文化。"

从此，红山文化得到正式命名。它的分布范围包括辽宁、内蒙古自治区和河北交界的燕山南北及长城地带。在红山文化命名一年之后的1956年暑假期间，裴文中教授和教师吕遵谔带领北京大学历史系考古专业三年级的7名学生，登上了前往赤峰的列车。

到达赤峰的第二天，北京大学的师生们顾不得旅途的劳累，就沿着崎岖的小路，来到了红山前。由于日本人没有在红山前做过工作，所以对红山前的考察也算一个新发现。这次考察把日本人没有弄清楚的所谓赤峰第二期文化分成了好几段，有的是汉代的，有的是战国时候的，有的比战国还要早一些，科学家把它叫做夏家店上层文化。其实在红山上，夏家店下层文化的遗存还会更多。

在红山文化发现、命名之后的几十年时间里，由于没有更新的文物出土，自然也就没有引起人们的特别关注。伴随着满城汉墓、曾侯乙墓和秦始皇兵马俑等考古重大发现，远在塞外的红山显得有些苍凉和冷落。

1986年《人民画报》第八期，刊登了一幅5000年以前，红山文化C形玉雕龙的大幅照片。玉雕龙的出现立即引起了国内外的轰动，从此红山文化受到了公众的关注。

C形玉雕龙

淮畔寻古

发源于桐柏山的淮河是中国地理南北气候的分界线，日夜奔流不息的淮河记录和见证了沿岸所发生的或平凡或悲壮的故事。历史犹如一壶老酒，存放的时间越久越醇厚。当我们沿着淮河两岸去寻访当年的故事时，尽管时过境迁，然而那些人物和故事却并未因历史的久远而磨灭了自己的印记。相反，人们从点点滴滴的印记中依然能够触摸到那逝去的历史和历史文化。

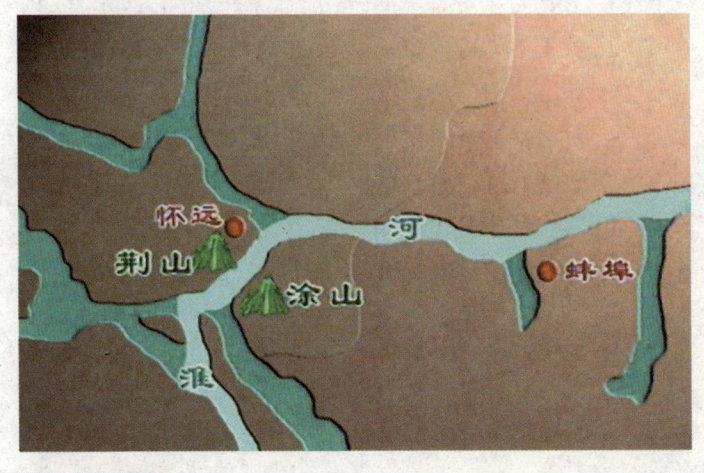

淮河中下游示意图

禹与涂山

"大禹治水，三过家门而不入"的故事在中国可谓妇孺皆知，不过，可能很少有人知道这个故事的发生地不是黄河故地，而是淮河岸边。涂山便是当年大禹治水的见证者。

涂山也叫当涂山，它位于安徽省怀远县城东南的淮河东岸，距安徽蚌埠市区仅10多千米。这里曾是古涂山氏国所在地。与涂山隔岸相对的是荆山，淮河从涂、荆两山之间滚滚向东北方流淌。正所谓"双峰峻耸，瞰淮矗立"，形成了淮河第二峡——荆山峡。别看今天的涂、荆两山东西相向而立，在传说中遥远的尧舜时代，它们可是连为一体的。

相传在4 000多年前，黄河流域连续发生特大洪水，黄河改道南流，占取淮河中下游河道，夺淮入海，使得整个民族陷入空前深重的灾难之中。这时，尧主持召开部落联盟会议，研究解决水患问题。人们一致推荐有治水传统的夏族首领鲧，即禹的父亲主持治水。鲧采用"堙障"法，修筑堤坝围堵洪水。但所修筑的堤坝屡被凶猛的洪水冲垮。鲧终因治水不力被处死。

禹继承父志，决心根治水患，造福黎民。为找到治水良方，他千里跋涉考察水势，从黄河流域来到淮河边上的涂山。凭借一片坚贞，最终从涂山氏国酋长蒙那里得到秘藏的《水经图》，同时赢得了蒙之爱女的芳心。

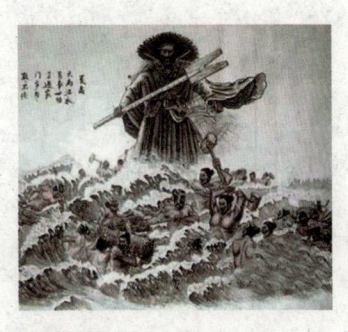

禹治服了洪水

禹娶了涂山氏女，婚后不久便离家治水，一别13年不回家园。

禹采用疏导的方法治水，开渠排水、疏通河道，把洪水一路引向黄海。为疏通淮河，禹劈开荆、涂二山，从此原本相连的这两座山便夹淮河相向而立。此时禹的妻子涂山氏正生下儿子启，恰从门外经过的禹听见了婴儿的哇哇啼哭声，但为治水，禹狠下心来未进家探望。"三过家门而不入"的千古佳话就此流传。

涂山氏女日夜向丈夫治水的方向远眺，但望穿秋水，也不见禹归来。她朝思暮想，天长日久，竟化做一块望夫石，端坐在涂山的东端，后人把它叫做"启母石"。"启母石"——"涂山氏女"一望至今4 000多年。而禹的功绩则被镌刻在涂山山麓的两侧："安邦"、"定国"，四海升平，夏朝400多年的基业就此开创。

淝水之滨

淮河中游有两条重要的支流，一条叫淝河，一条叫洛河。两河之间的淮南地区素有"中州咽喉，江南屏障"之称。历史上这里战争频繁，公元4世纪，发生在这里的一场著名战役——淝水之战更使这片土地被载入史册。

早在春秋战国时期，淮南地区数易其主。八公山之北、淮河以东的州来古国，因为国小力弱，被楚国吞并而成为楚的一个邑。由于它处于楚国边陲而与吴国相望，成为吴楚相争的前哨。后来在秦王嬴政统一中国之前的混战中，这里又成为秦楚两国争夺的拉锯之地，当地的百姓在秦兵楚将的滋扰之中，学会了聪明的生存方法：将门牌两面各写上"秦国"和"楚国"。早晨，当秦兵打过来，百姓们便把秦国的门牌翻过来，称自己是秦国的良民；晚上楚军攻过来，又把楚国的门牌翻过来，说自己是楚国的顺民。这就是成语"朝秦暮楚"的由来。

公元4世纪，前秦和东晋成为中国中原地区的两大势力而各持南北。公元383年，前秦皇帝苻坚自恃国强兵众，挥师87万众南下，意欲一举消灭东晋。前秦军前锋很快进抵洛涧（今安徽淮南东部的洛河），截断了淮河交通，形势十分危急。而东晋军队用5 000精兵偷袭洛涧，杀得前秦军落荒而逃。苻坚得知前哨部队打了败仗，急忙赶来寿阳督战。一天，他登上城墙

今日的八公山上已看不见"草木皆兵"

观察淝水东岸八公山上晋军的动静，只见对岸营帐林立，旌旗簇拥，山上还隐隐约约传来阵阵鼓声，以为到处都是晋兵，心中顿生惧意。所谓"八公山上，草木皆兵"即出于此。

洛涧之战后，秦晋两军夹淝水对峙，一意孤行的苻坚决定与晋军决战。而晋军则要求秦军后退二三里地，让晋军渡河决战。秦将不知是计，下令后退。前秦军士气本来就低落，不料东晋降将朱序又乘机在前秦军阵后大喊："秦军败了！秦军败了！"一时间，"闻风声鹤唳，皆谓晋师之至"，前秦军终于溃不成军。淝水之战，也决定了中国此后200年的南北朝对立局面。

淝水之战晋军在列队进击

今天的淝水之滨、八公山上已经感受不到当年的风声鹤唳。然而，上天仿佛有意要补偿昔日一次次

刘安发现的制作豆腐工艺传到了民间

"落日照大旗，马鸣风萧萧"的淮南，今天的这里早已因为丰富的煤炭和煤层气资源成为著名的能源之地。

豆腐的起源

千百年来，豆腐在中国是营养丰富、味美价廉的家常菜。古时人们把豆腐称为"小宰羊"，意思是说豆腐的颜色像羊脂一样白，味道像小羊羔的肉一样美。那么，这种美味到底起源于何处，出自何人之手呢？

李时珍在《本草纲目》中记载："豆腐之法，始于汉淮南王刘安"。刘安是汉高祖刘邦的孙子。2 000多年前，16岁的刘安承袭父爵，受封为淮南王。刘安的封地就在物产丰富的淮河中游，今天寿县等淮南一带的广阔土地正是当年刘安的领地。

俗话说："江淮熟，天下足"。百姓的富庶让一向喜欢读书鼓琴的刘安心情舒畅，闲情颇多。他网罗天下才俊著书立说，写就闻名天下的《淮南子》。

刘安还期望在国泰民安的盛世里能够找寻到长生不老的丹药。于是，他把目光投向了都城寿春城北那片绵延20多平方千米的北山，选择一处幽静的理想之地，和他的8位门客谈仙论道、炼丹熬药。久而久之，当地人便把北山称为"八公山"。

刘安当然没有炼就使人长生不老的灵丹妙药，倒是在炼丹过程中豆汁偶与石膏相遇，制作出了豆腐。

后来，刘安制作豆腐的工艺被传入民间。公元757年，伴随着鉴真和尚东渡扶桑，豆腐制作工艺又被传到日本。刘安炼丹的副产品——豆腐也名扬海外。

八公山上泉眼众多，最多时曾有130多眼。用八公山泉水制作的豆腐独具特色，久盛不衰。如今用八公山豆腐制作的"豆腐宴"已经成为淮南地区独具一格的上等宴席。每年9月15日淮南王刘安诞辰这天，当地都要举办中国豆腐文化节，纪念淮南王，并借以推介淮南，推动当地经济的发展。

寿春古城

在今天的安徽地图上，寿县就是当年楚国最后都城的所在地，也是楚王朝最终的灭亡之地。历史上这里曾被称为寿春、寿阳、寿州、郢都，不过今天人们仍然习惯称它为寿春。作为楚国最后一个都城，在公元前241年至公元前223年的19年时间里，寿春成为楚国的政治、经济、文化、军事中心。

不过，现在人们所看到的古城并不是当年楚国的亡国之都，它只是当时楚都郢西北角的一部分，而当年楚都的中心在今天寿县城西的柏家台。今天的寿春古城墙是南宋嘉定年间重建的。据说早些年仍然可以从城墙上找到印有"建康都统许俊"字样的城砖。和中国其他古老城池一样，寿春城墙自古就担负着抵御外敌的重任。历史上淮河十年九涝。从隋朝开皇元年到民国三十五年，淮河平均每100年就发生水灾94次。紧邻淮河与淝水交汇处的特殊位置，致使对寿春城墙有了更多的要求。

寿春古城的4座城门各有瓮城，除南门外，东、西、北三门的瓮城门与城门均不在同一中轴线上。我们看到的东门宾阳门的瓮城门与城门平行错位，而北门靖淮门的瓮城门则朝西开立，西门定湖门的瓮城门朝北开立，这种设置实际是智斗洪水的需要。因为水势到这里可以形成缓慢的涡流，能减轻凶猛的洪水对内城的冲击。城内筑有护城河，东北和西南角低洼的地方建有涵洞，以控制城内外水的排进，不管雨水多大，城内都不会积水内涝。

城东门的两块石碑记载了1954年和1991年安徽

阅尽沧桑的寿春古城

饱含抵御洪水科学原理设计理念的寿春古城宾阳门

两次特大洪灾发生时寿春城外的最高水位。据说这两次无情的洪水来临时，这座古城均被围困50多天。水位最高时，人们可在城墙垛上濯足洗手，城内却安然如常。

寿春古城墙记载了古城沧桑的风雨、城与人患难与共的历程。几经战争的硝烟和洪水的冲刷，古城池留下了斑驳的历史印痕。不过，也许更多的是抵御洪水的功用，才是古城在历史风雨飘摇中2 000多年屹立不倒的原因吧。

探访垓下

一望无际的田地，初春的小麦正悄悄地生长，农民们在默默地劳作，老人们享受着阳光和休闲，一切如淮北农村的平常景象。不过，呈现出此番景象的这个地方却有着一个在中国历史上赫赫有名的名字——垓下。

垓下，如今是安徽省固镇县的一个村落。垓下位于淮河中游的重要支流——沱河的南岸。2 000多年前，这里曾因为一场大战而名震天下。

公元前206年，秦王朝灭亡后，经过4年多的楚汉战争，项羽和刘邦形成了两大势力集团。两军以古运河鸿沟为界，东归楚，西归汉。这也就是后人所说的"楚汉鸿沟"。然而，公元前202年，刘邦趁项羽松懈不备，突然跨越"鸿沟"向楚军发起了进攻。楚汉两军在成皋、荥阳一带交锋。项羽率领的楚军逐渐陷于被动，被迫引军东撤，刘邦率军穷追不舍之下，项羽一路

垓下城垣遗址

楚汉两军激战垓下

败退到了垓下。

如今的垓下村是一座北依沱河，东、南、西三面皆有护城河的土城。据说城墙是当年项羽的10万士兵用衣服兜土，一夜之间筑就的。历经2 000多年的风吹雨打后的今天，土墙轮廓仍然依稀可见。护城河平均宽8米，当年这样的宽度刚好阻挡战马的跨越。因为项羽曾经在此囤兵据点，百姓们又把这里称为"霸王城"。

然而，这座"霸王城"并没有挽救项羽的命运。为了进一步动摇和瓦解楚军军心，一天夜里，刘邦命众将士在城外吟唱楚歌。楚军将士听到熟悉的歌谣，益发地想念家乡，纷纷随之应和。项羽听到四面传来的楚歌声，大为吃惊，以为刘邦已经全部占领楚地。"四面楚歌"的历史典故由此而来。

项羽的爱妾虞姬为了表明自己不求同生只求同死的心迹，引剑自刎。就这样，霸王别姬的千古绝唱唱响在2 000多年前的垓下。虞姬死后，项羽的军队不战自溃。万念俱灰的项羽带了800骑兵连夜突围南逃，直到和县的乌江镇。因自觉无颜再见江东父老，项羽挥剑自刎。

今天的垓下已经看不到当年的铁马金戈，然而这个看似普通的淮北乡村，却因末路英雄项羽兵败于此，成为悲壮凄美之地。

采珠之地蚌埠

淮河发源于桐柏山，一路向东蜿蜒，经洪泽湖注入长江直奔黄海。蚌埠港是淮河第一大港，蚌埠市因自古盛产河蚌而得名。史载

蚌埠古街

"蚌埠"乃古代采珠之地，所以又被称为"珍珠城"。

然而，这样一个采珠

古帆装点了旧时蚌埠的风采

之地，曾经在很长时间里一直是个默默无闻的小渔村，直到公元1368年，情况才发生了变化。当了皇帝的朱元璋在家乡凤阳建中都城，设凤阳府。一时间，凤阳繁盛起来。而作为凤阳府辖下的蚌埠，因紧邻淮河，水陆便利，也渐渐从小渔村变成了小集市。岸上店铺数间，水上白帆点点，写就当年蚌埠集的淮上风情。当时的蚌

古迹寻踪

只有"蚌埠"这个名字真切地记录了历史

埠集就是如今的淮河北岸的小蚌埠镇。

经过蚌埠小镇的淮河并未停下脚步,而是继续蜿蜒东流。淮河下游的苏北地区因为滨临东海,滩涂广阔,孕育了丰富的海盐资源。从西汉起,淮河下游的淮安、盐城人就开始利用海水晒盐,所产的盐统称淮盐。明清两代,大量来自皖南的"新安贾客"通过垄断淮盐的经营而富庶起来,形成历史上赫赫有名的徽商。不过徽商们并没有带动蚌埠的发展,因为盐运的方式主要是通过运河,他们沿着大运河一路将淮盐运到了扬州,迅速成就了扬州几百年的盛世繁华。

1831年,两江总督兼管两淮盐政陶澍革除淮盐积弊,改行"票法",靠盐业专利发迹的徽商开始衰败,扬州不再是淮盐运输的中心。淮河相对便宜的运输,使得盐商开始在蚌埠靠岸,船帮逐渐在淮河上兴起。船帮带来了众多的商人,也带来了前所未有的喧闹。各种商铺、茶馆、米肆沿着淮河南岸慢慢铺展开来,逐渐形成了今天蚌埠市区的基本格局。

1912年1月1日,津浦铁路全线通车。这条北接天津,南达南京浦口的铁路在蚌埠和淮河交汇。原本因为水运便利的蚌埠又有了得天独厚的陆路交通。此后津浦铁路继续向南向北延伸,形成贯穿中国南北大动脉的京沪铁路。蚌埠一下拥有了成为南北东西水陆交通枢纽的所有条件。

今天的蚌埠成为我国交通地图上不可或缺的点位。熙来攘往的人们可能早已忘却昔日那个渔村古渡,只有蚌埠这个名字真实地记录了这座城市因淮河而生而荣的历史。

彩俑寻根

唐三彩，是盛唐时中华艺术的一种象征。然而多年来，除了一次次在古墓中发现唐三彩精品之外，这种器物最早的烧造地在哪里一直是个谜，直到人们发现了迄今最早的唐三彩，为唐三彩寻找"老家"的问题又一次被提了出来，这次，人们能如愿吗？

唐初李晦墓这种介于普通陶器和唐三彩之间的器物应该是最早的三彩器

李晦墓中三彩俑表面的纹路不是烧出来的，而是直接画上去的

1995年10月，陕西省考古所接到任务，火速前往西安近郊，在那里，发现了一座已经遭到严重破坏的大型唐墓。虽然所有的墓室都已被盗墓贼光顾，但考古人员还是在一个隐蔽的地方有了收获：139件三彩器物。

这个重大发现，轰动了整个考古界，因为这次出土的三彩器物非同一般。仔细观察这些三彩俑，可以发现，它们并不能算是完全意义上的唐三彩，器物表面的很多纹路并不是上釉后烧制出来的，而是像彩绘陶俑那样，直接画上去的。也就是说，这是一批非常原始的三彩器物，它们，很有可能是最早的三彩俑！

除了这些十分隐蔽的三彩器和一块墓志碑，盗墓贼几乎拿走了墓中的一切，然而，恰恰是这块墓志碑，为人们提供了关键的佐证！

碑文上记录着墓主人姓李名晦，是唐秋官尚书，相当于今天的司法部长。他生于唐贞元年间，死于武则天时期。公元698年，是他下葬的时间，也是墓内这批三彩器的确切纪年！这是迄今为止拥有确切纪年的最早的三彩俑！

李晦墓的发掘，又一次触动了那个关于唐三彩的巨大谜团。那就是，唐三彩最早是在哪里烧造的？

唐三彩器物

人形的三彩被称为三彩俑

耀州窑的再发现，归功于一个十分冒险的决定

唐三彩有人也有物，器物造型被称为三彩器，人形被称为三彩俑。它们的造型生动奇特、富于变化，其繁多的种类是任何一种陶瓷制品无法相比的，因此，三彩器和三彩俑蜚声中外，成为盛唐和中华艺术的一种象征。然而多年来，除了一次次在古墓中发现唐三彩精品之外，人们从来没有找到过生产这种陶器的窑址，在文献中没有任何关于在何地烧制唐三彩的记载。

李晦墓中出土的三彩俑再一次触动了这根敏感的神经。这是迄今为止有确切纪年的最早的三彩俑！如果能找到这批三彩俑的烧造之处，将可能从源头上解决三彩俑的起源之谜。

在陕西省邠(bin)县，有一条洪龙河，20世纪50年代，这条河发生过一场洪水，使两岸的土岭遭到严重切割，当地村民在洪水退后的断崖发现了一个黑色陶缸，陶缸里装有很多不同式样的瓷碗瓷盘，考古人员闻讯而至。他们发现陶缸坑周围的生土和积石淤土不同于墓葬填土，显然，这批瓷器不是墓葬内的东西；而器物的种类又复杂繁多，也不像是古人有意将日常用具埋在这里。考古人员还发现，在方圆5千米的范围内，陶瓷破片及破碎匣钵竟在田埂间随处可见！匣钵，就是古代窑场在烧制瓷器时需要使用的模具，由此可以确定，这一带应该是一片古代窑场！古耀州窑的中心烧造区就这样被发现了！

耀州窑，自古就有"十里窑场"之称，是古代著名的北方瓷窑。自唐以来，就同邢窑、定窑一起为北方各地区烧造和提供瓷器用品，但在这里并没有发现唐三彩的痕迹。然而从地理位置来看，耀州窑就在西安附近，是唐代离都城长安较近的窑场，这里，有没有可能在烧制日用瓷器的同时，也兼烧唐三彩呢？

这个假设强烈地吸引着陕西省考古所的祚振西教授。1985年，祚振西带领的考古队开始了对耀州窑遗址的又一次发掘。

发掘工作持续了数十天，非但看不到唐三彩，就连一般的破碎瓷片也很少见。这一天，探方坑内有扰

唐三彩器物

耀州窑遗址

产的时候，遇到突如其来的洪水，顶塌了，所以保存的是当年正在生产时作坊的遗迹。祚振西说："搞瓷窑考古严格地说是在古代瓷窑的垃圾上进行的，而像这种保存完好的瓷窑极为罕见。"

耀州窑与最早的三彩器胎质不符，难道西安出土的三彩器烧自河南

人们迫不及待地将李晦墓中出土的三彩器物与耀州窑内的三彩器进行比较，希望能够在两者之间找到相互印证的共同点。然而结果却出人意料。

耀州窑出土的三彩牛车，能看出是红土的胎质

从器形上看，李晦墓中的三彩俑质朴古拙，还保留着很多彩绘陶俑的原始痕迹；而耀州窑内的三彩制品却流光溢彩，显示出较为

动迹象的土层已经全部清理完毕，再往下就是没有人类活动迹象的生土了。这意味着，考古发掘到此可以结束。

生土层就是史前时期没有被人类扰动过的土层，见到生土就停止发掘，这在考古界是最基本的常识，如果挖过了，是很丢人的事儿。然而这一次，总领队祚振西做出了令人难以理解的决定：继续向下挖！

因为据祚振西观察，底部生土与四壁土壤的交界处似乎并不是连接在一起的整体，而有一条隐约可辨的拼缝。祚振西认为这些生土很可能是因为塌方后来盖上去的，看似到底的

发掘工作还远远没有结束。果然不出所料，考古发掘出现了新的转机：那批生土是上面的顶塌下时盖上去的，有两米多厚，往下是一层淤泥，说明水进入了，再往下清理出淤泥，古代窑场的遗迹就陆续显现出来了，更为重要的是：这里面果真有三彩器物！

原来，这个作坊正在生

耀州窑遗址上的器物碎片

古迹寻踪

河南巩义黄冶唐三彩窑遗址

巩义窑出土的唐三彩，釉料下的胎质是白色的，与李晦墓中出土的彩俑胎质颜色是一样的

进步的制作水平。

更关键的是，仔细观察两地出土的三彩碎片，可以发现，耀州窑内的三彩器物在华丽的釉层下，使用的是微微发红的胎土；而李晦墓中出土的器物胎质却是白色的！这说明，两种三彩制品使用的原料竟是截然不同的。这等于是在告诉人们：这些最早的三彩俑可能与耀州窑毫无关系，而且李晦墓中的三彩俑很可能并不是在陕西烧制的，而是来自更为遥远的地方——河南。因为截至当时，陕西境内还未发现白色胎土的三彩器，但发现耀州窑三彩窑址之前，河南省巩义县就有过关于唐三彩窑址的线索。更关键的是，这里出产的唐三彩釉料下的胎质是白色的！难道三彩俑最早在河南出现，并被古人从河南带到了陕西？

西安西郊机场窑址出土的三彩碎片，此为红色胎土的三彩器

此为白色胎土的三彩器

在古代，洛阳是唐朝的东都，其地位可以同长安城并驾齐驱。繁华热闹的东都洛阳势必集结着大量的王室贵族，因此，在洛阳附近为他们烧造陪葬所用的三彩器和三彩俑，似乎是情理之中的事。巩义窑还占据了一个有利的地理位置，即在洛水边上，离黄河近，陆路、水路都极为通畅。

但这种假想立即在考古界引起了争论，一些学者对此持保留意见，他们认为唐三彩是易碎品，通过陆路运输条件非常艰苦，而且中国所有的器物基本都是就地烧窑。

就在两种观点各执一词、相持不下的时候，新的地下遗迹又出现了：在西安市原西郊机场的建筑工地下，人们发现了一个古代瓷窑的窑址！这里同时发现了红色和白色两种胎质的三彩器！这就意味着在古代，出产白胎三彩器的不仅仅只有河南，这样一来，因为李晦墓内的三彩俑使用的是白胎，就说三彩俑起源于河南的推论显然已经不能确定。

真相到底是怎样的？

利用高能物理技术为最早的三彩器锁定"老家"

就在这时，西郊机场窑址出土的一块刻有"天宝四载"的陶片给了人们答案，"天宝四载"即公元745年，是盛唐时期,而李晦墓的下葬年代却是在大约半个世纪以前的初唐时期,这说明李晦墓与西郊机场窑根本不在同一个时期。

西安西郊机场窑址中出土的写有"天宝四载"的陶片

先对样本进行切割,然后分别做釉层和胎质的比较

李晦墓出土了迄今为止有确切纪年的最早的三彩俑,这个重要的线索曾一度点燃人们破解三彩俑起源之谜的愿望。然而茫茫大地上,生产这种华丽器物的窑址却是凤毛麟角。

科研人员在采集几个窑址的样本,右为中国科学院高能物理所的冯松林副研究员

一个世纪过去了,除了耀州、巩义和西安西郊机场这3个窑址以外,人们几乎没有发现其他大量烧造唐三彩的古代窑址。更加令人失望的是,在这3个窑址中,竟没有一个能与李晦墓中三彩俑的年代和特征完全吻合。

2002年,为李晦墓三彩俑寻找诞生地的课题组成立了。首先的工作就是开始标本的收集,第一步是要收集到相当数量的唐三彩碎片,这些碎片必须是从窑址中直接发掘出土的,数量足以涵盖不同窑址里唐三彩的各种主要类型,这样实验获得的数据才是全面可靠的。

历时半年,课题组成员将从全国范围内收集到的唐三彩窑址标本带回了中国科学院高能物理所,冯松林副研究员带领课题组打算分别比较釉层和胎质两方面的结果彼此验证,这个方法在"秘色瓷"的实验上获得了巨大成功,然而这一次,釉层的检测却在一开始就失败了!因为唐三彩表面施的釉(或叫琉璃)其铅元素含量很高,掩盖了其他元素的信号,使人们无法继续对唐三彩釉层进行科学实验。接下来只能对胎质进行检测了。

课题组将全部精力集

中到了样品胎的分析实验上。终于，各个窑址最终的统计数据全部获得了。各个窑址出土的三彩胎在微量元素的含量上差别明显，具有各自的产地信息。第一步的努力成功了。

经过几天的精心检测，李晦墓三彩俑的核物理实验数据出来了，人们迫不及待地开始了对比分析。

邢窑被首先排除了。

陕西耀州窑的情况与邢窑一样，它提供的产地信息与李晦墓内的三彩俑完全没有信息上的重合。这个位于唐代长安城远郊，迄今为止规模最大的唐三彩作坊并不是最早烧制三彩俑的地方。

实验数据准确无误地显示，李晦墓内的三彩俑与河南巩义窑联系最紧密，在研究报告上，研究人员写下了这样的结论：如果不存在元素组成相近的其他窑址，李晦墓中的唐三彩将是河南巩义窑烧制的。

近在咫尺的西郊机场窑址，虽然含有与巩义窑相似的成分，但与窑址的整体信息比较，只占据了一个很小的比例，恰恰是这一点，告诉了人们答案。

到此，三彩俑的故事似乎可以有一个令人满意的答案了。

李晦，这位身居高位的初唐官员，死后被埋葬在长安城一隅，墓内陪葬着当时在贵族阶层刚刚兴起的一种特殊陪葬俑——三彩人形俑，对于死者而言，这是一种莫大的荣誉，因为这种五光十色、生动可爱的瓷人是一种非常昂贵的陪葬，他们必须历经坎坷，跋涉千里，完好无损才能被赐予在地下长眠。而恰恰因为如此，他们才得以在千年之后，向人们揭示这一段辗转起伏的历史。

课题组将这一重大的实验结果进行了公布，消息一经传出，立即在考古学界引起了轩然大波，这个多少有些出乎意料的结论，引发了人们无尽的联想和猜测：会不会有其他窑址？或许，除去耀州、巩义、西郊机场三大窑址和邢窑之外，在盛唐时代广为流行的唐三彩，还有更多的秘密深埋在地下不为人所知。

走近科学 | 24

遥远的古格王朝

它曾一度成为西藏西部文明的中心，
播下灿烂的宗教文化；
它曾历经700余年的辉煌，
却于300多年前突然消失。
它留下闻名于世的遗址，
把神秘的历史故事保留在墙壁上。

考古专家张建林10进古格考察

遥远的古格王朝

1984年，张建林作为考古队长带领着一行人马飞抵西藏拉萨。又从拉萨行程2 000多千米，艰难地一步步接近了地处阿里高原人迹罕至的古格王朝遗址。从此开始了10进古格的考古探查。他们是第一批对古格王朝遗址进行正式发掘的中国考古专家。

张建林是在1981年知道古格遗址的，那时他正在西北大学攻读考古学。当年的《文物》杂志发表了一篇西藏文管会和新疆文管会关于古格的联合调查简报，并配发了一组照片。张建林看了十分震撼。迷人的古格和谜一样的古格，强烈地诱惑着张建林想要探索发现其中的秘密。

其实，早在1912年，一位名叫麦克沃斯·扬的英国旅行家就曾经来到古格，他在笔记中写道："这或许是一个巨大的城市或者古堡的遗址……"从那时起，古格就引起了世界上许多专家的关注。然而，多年来人们始终无法揭开它半遮半掩的神秘面纱。

张建林第一次出发去古格之前，曾经翻阅了大量的资料。可是，那时还未发现从国外翻译过来的关于古格的任何文字，只有一些从藏文翻译成汉文的史书，而且有价值的资料非常少。

不过，通过有限的资料，张建林还是梳理出了古格王朝历史的脉络：公元9世纪中叶，西藏吐蕃王朝达玛即位。他一上台便发动了一场浩大的灭佛毁寺运动，最终导致整个西藏陷入战乱。强盛一时的吐蕃王朝灰飞烟灭。

30多年后，达玛的孙子吉德尼玛衮在各种势力的追杀下，逃到了阿里地区。当地的土王不但没有驱赶吉德尼玛衮，还把自己的女儿许配给他，并拥立他为王。吉德尼玛衮接手这片领地以后，便开始扩张领土，将阿里地区据为已有。随后他把3个儿子分封于3处，分别成为3个小王国。其中之一的古格王国就是吉德尼玛衮的幼子德祖衮创建的。

神秘的故城遗址透出令人震撼的辉煌

在高原灼热的阳光下,张建林带领考古探查队第一次进入阿里地区。他们一行乘坐一辆敞篷解放牌卡车,从象泉河河谷颠颠簸簸向上爬行。刚上到台地,一座土山就突兀在眼前,耸立在札不让土山山顶的城堡在蓝天映衬下显得格外壮观。尽管张建林此前看过照片,但当古格城堡真实地出现在眼前时,仍然感到非常震撼。

古格故城遗址坐落在象泉河南岸的一个台地上伸出来的一座孤立的土山上,古格人将山顶削成一个平台,将皇宫建在山顶上。其他的建筑则修建在山体自然形成的一些平台和人造的其他平台上。古格人把自己的王宫构筑在山顶上,喻示高高在上的王权在古格有着不可逾越的地位。

专家们把古格都城分为8个区,顶层的一块叫做王宫区,这是整个城堡的核心。可以想见当年的国王站在宫殿的门口,就能俯瞰他的领地。

从王宫区往下有一些房屋建筑和窑洞组成的一片叫做防卫区。再往下是一个宗教区,有红殿、白殿、大威德殿和度母殿,是保存得比较好的佛殿。

再往下的几个区域,就是老百姓居住的地方。因为这里海拔高,年平均气温很低,很少有树木,所以当时很多建筑都是就地取材,比如墙是用土夯筑,或者打成土坯垒砌而成。而更多的是在山体上开掘而成的窑洞。这些密密麻麻的窑洞让人想起白蚁窝。

走进这些窑洞,可以

坐落在最高处的皇宫表明皇权高于一切

触摸到当年古格人生活的艰辛。这些窑洞的间数,少的是一间,专家们叫单室洞;多的有4~5室洞,相当于今天人们所说的三室一厅、四室一厅。靠外边的洞往往比较大一点,有灶,显然是一家人做饭、吃饭,商量事情的公共活动场所。里边再套有一些洞室,作为卧室或储藏室。

后来查明整个古格都城有879个窑洞,可能有一些倒塌被掩埋的还没有被发现。如果按照功能区分,只有近1/3用于居住,其余的有作为仓库、佛堂来使用的,还有作为防卫来使用

"白度母"壁画

的。至于古格都城当年有多少人口,张建林比较慎重,他认为,1/3就是200多个窑洞,每户按5口人计算也就是1 000多人。

那么,在如此恶劣的自然条件下,阿里是怎样供养着这个庞大的王朝呢?实际上,从历史文献记载到现在的资源调查,阿里地区有咸水湖,出产湖盐。这是古格王朝的一个重要的财政来源。

另外,古格王国的中心地带象泉河河谷是半农半牧经济,有传统的灌溉农业。古格人很早就掌握了灌溉技术。今天,札达县和普兰县仍然被认为是阿里地区的粮仓。因此,在当时养活这么一个区域的一定数量的人口看来是没有问题的。

古格王朝建立之初即建造的托林寺至今仍然保存完好

古迹寻踪

外来宗教也反映在古格王国的壁画中

墙壁上的故事，彰显灿烂的宗教文化

古格人在这个天高地广的家园里，不但充分地利用大自然的微薄给予顽强地生存下来，而且创造了令人惊叹的宗教文化。

尽管吐蕃王朝最后的掌权人达玛大肆灭佛以后的100年当中，西藏佛教一直处于黑暗的时代。但古格王国却在建立之初仍将佛教尊为国教，重新确立了佛教的神圣地位。如今古格王朝已经灰飞烟灭，但古格人所创造的灿烂的宗教文化，仍然被留在废墟的墙壁上。从遗留在古格都城里的巨大的寺院，不难想象当年古格王国香烟袅袅，人头攒动的朝佛盛况。

今天，札达县的托林寺就是当年古格王国刚刚建立时，由一位出家后取法名为拉喇嘛已休的王室成员建立的。

关于这位喇嘛，还有一个动人的故事。为了找到重金迎请印度高僧来到古格传教，他曾率兵攻打邻近的穆斯林国家噶洛，以索取黄金。但不幸兵败被俘。噶洛国王要古格王国用和已休体重相当的黄金来赎取他的性命。待古格人凑足了黄金时，已休却要前来营救他的人用这些黄金去迎请印度高僧，自己则心甘情愿地死在了噶洛国王的屠刀下。

古格王国的诚意和拉喇嘛已休的献身精神，感动了印度高僧阿底峡大师。他于1042年来到托林寺，在这里住了整整3年。在这期间古格逐渐发展成为西藏西部佛教文明的中心。当时来自克什米尔、印度、尼泊尔等地的艺术家和工匠陆续汇集到这里，修建寺院，绘制壁画。古格从此开始了与

用葡萄牙文字经书纸张糊成的面具

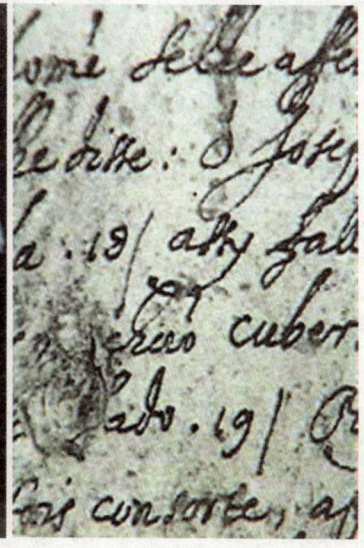

外界频繁的交往。今天保留下来的这些壁画,虽然历经数百年的风雨,色泽仍然鲜艳。

1997-1999年,专家对托林寺考古发掘,发现了一些早期壁画和佛塔。今天,托林寺仍然保存着大量壁画,其风格看起来是该寺初创时期的作品,也就是说可能是10世纪末到11世纪初,由外边请来的一些画家所作,所以带有非常浓厚的异域风格。

古格王朝在它鼎盛时期曾经成为西藏西部佛教文化的中心,但它仍然避免不了外来宗教文化的渗透。当时曾经有一些带着特殊使命的西方人来到这个神奇的国度。

据西方传教士记载,传教士最早进入古格是1624年。当时在果阿教区有一个传说:在喜马拉雅山以北,有上帝传播福音的遗迹,所以他们要去寻找上帝的这个遗迹。

另外,那些传教士从遥远的欧洲被派驻到东方来传教,他们总想扩大传教的范围。他们到了古格,发现一座城堡在一片荒漠

国王理佛图记载了王室成员成为新教徒

之中拔地而起,城堡里住着五六百人,诵经的声音从各个寺院里传来,袅袅炊烟从各个窑洞里飘出,就像梦幻般的海市蜃楼。

然而,文献的记载必须有考古发现才能证明它的真实性。专家们在一个洞子里发现了一个用纸和布糊成的面具,这个面具从外观看像个骷髅头,它是喇嘛教里跳神时戴的那种面具。

经过仔细察看,发现纸面上有一些西方文字。后来,经北京天主教爱委会主教团的几位主教辨别,认定是葡萄牙文的圣经。这个发现正好与史料记载吻合,当年来到古格王国的传教士就是葡萄牙籍的,他们使用的是葡萄牙文圣经。

政教的尖锐纷争,导致王朝的灭顶之灾

据西方传教士记载,1624年8月,正当古格王朝的国王和僧侣集团首领的矛盾日益加深之时,葡萄牙籍传教士来到了古格。

感到自己的统治地位受到严重威胁的国王便想到了利用外来宗教,遏止日益强大起来的僧侣势力。

于是,包括王妃、王子和公主在内的王室成员,很快接受了洗礼,成为第一批教徒。

一直以来,出发打仗时都由喇嘛来念经。现在国王改由传教士进行祈祷。这就等于剥夺了僧侣的权力,把僧侣集团惹恼了。而且当时为了建造教堂,把一些民房拆除了,这就引起了更多人的不满。

这些都给古格国王带来重重杀机，预示了这里的日子不总是太平。

今天，考古人员在王宫内部发现了重重机关，王宫的周围都是悬崖峭壁，只有通过开凿在山体中长达40多米的一条暗道，才能达到王宫区。

古格人在王宫区修筑了庞大的工事，这样便兼顾了御寒和御敌的双重功能。在王宫区下面的缓坡地带，一些小山包上都修筑了碉楼、碉堡和防卫墙，它属于这个城堡最外围的防守阵地。

选择在山顶上建立都城，首先要解决水源问题。原来在土山东西两侧各有一眼泉水，尤其是东侧的泉水流量比较大，往下流成一条小溪，完全可以保证充足的生活用水。和平时期，古格人每天通过明道下山取水。战时则通过一条极其机密的暗道下山取水，这样就能够长期坚守，确保城堡无虞。

然而，看似固若金汤的古格城堡最终还是被击破了。

张建林在考察中发现一个洞穴，洞中的一切令人不寒而栗：里面堆放着残缺不全的干尸。这些尸体没有脑袋，有的胳膊被反绑着。从尸体堆积的厚度判断，大概有30具。

这些残缺不全的尸体，已经无法讲述遥远的过去所发生的故事。最可信的一种推测是：当年战败后宁死不屈的古格兵士被斩去头颅，弃尸于洞中。

专家们还发现了一个武器库，在其中的一个洞里发现一堆藤盾牌和上万支箭杆；在另一间房子里清理出300多个不同形式的铁箭头；还发现许多残破的甲衣、头盔以及一些刀、矛和已经被损毁的火枪枪筒和牛角做成的火药桶。

另外，专家们还发现几个窑洞里放着许多拳头般大小的卵石。人们推测这些卵石可能是作为兵器来准备的。从山上居高临下投掷，可以击退仰攻的敌人。

更重要的直接的证据，是散落在战场上的那些铠甲片、箭杆等。

种种考古发现表明，当年这里的确进行过一场战争，而且战况比较惨烈。

从暗道口可以看出古格的勤劳和智慧

在武器库中发现的藤盾牌，证明了古格王国军事力量的强大

被斩头的干尸表明当年的战斗是很惨烈的

但是，考古调查也发现，王朝的军事物资储备相当充足，可见它的军事力量是比较强大的。从遗留下来的武器数量分析，似乎古格国王并没有进行殊死抵抗，因为他们并没有弹尽粮绝。那么，到底是什么原因导致古格城堡被攻破呢？

专家们从保存下来的在西方传教士的往来信件和报告里找到了答案。

当两个西方传教士踏上了古格的土地，末代古格王为了战胜政治对手，第一次向西方宗教敞开了大门。这一举动立刻激怒了僧侣们。

僧侣集团先是劝说国王不要接受外来宗教，甚至劝说国王到寺庙静修思过，但都遭到了拒绝。这样一来，矛盾就更加激化了。

1630年，传教士首领安德拉德因传教有功，被升任为果阿地区的大主教，即将翻越喜马拉雅山去上任了。而此时，国王身体又不太好。

这对于僧侣集团来说可是个千载难逢的好机会。僧侣集团的首领、国王的弟弟发动对国王不满的一些贵族和僧侣，联合起来围攻王宫区。但是，遭到效忠国王的大部分贵族和军队的顽强抵抗。僧侣集团久攻不下，只好向拉达克王求援。

拉达克王立即派自己的儿子带领军队前来围攻古格都城。然而，古格都城实在难以攻克。这时，古格僧侣集团的首领、古格国王的弟弟献出一计：诱骗古格国王下山，将他生擒。于是，拉达克王跟古格王说："你从山上下来，咱们签一个盟约，然后，你当你的国王，我们撤兵回家。"

古格王果然上当，他一下山就被拉达克的军队俘虏。军队很快攻破城堡，把王室成员全部押解到几百千米外的拉达克首都列城。而拉达克王的儿子成为古格王国的新的统治者。

一场内部战争就这样导致古格王朝的香火在第16代时悄然熄灭。

硝烟散尽，带着国破家亡的悲痛，古格的百姓全部远走他乡，只留下空荡荡的城堡独守在人迹难觅的荒原上。

当年的古格王国已经一去不复返了，但是，古格人还会不断地繁衍。古格的血脉也许悄悄地流淌在今天的阿里，或者流淌在今天的西藏高原，或者流淌在今天一个不为人知的地方。

古格对我们永远是一个诱惑，古格遗址仍然是需要继续探索发现的课题。

秘典沉浮

《永乐大典》是中国明代永乐年间编撰的一部罕见的大型书籍,是中国古代最杰出的"百科全书"。然而,目前只发现极少量的后来重录的副本散落在世界各地,其余的96%毫无下落。其正本更是踪迹全无。那么,在漫漫历史长河之中,《永乐大典》又有怎样的经历?发生过怎样的故事呢?

1941年秋的一天凌晨,一个神秘人物带领几个劳工打扮的人,来到上海法租界公共仓库门前,将一些大箱子搬上等候在门外的汽车。很快,汽车趁着黎明前的黑暗悄然驶去。

负责执行这次秘密任务的是北平图书馆上海办事处的负责人钱存训。这批特殊货物将被秘密送上开往美国的商船。

此时,在日军蹂躏下的上海正处于历史上最黑暗的时期。上海海关被日军完全封锁,所有进出海关的货物都要经过日军的严格检查,国人要想将物品安全送出海关,困难重重。钱存训经过精心安排,以中国书报社替美国国会图书馆购买的新书的名义开具发票报关的这批货物运抵海关后,直接由一位在海关工作的中国同胞签字放行。

实际上,这些大箱子里装的并不是发票上所开具的货物,而是包括60册举世闻名的《永乐大典》在内的一批珍贵的中国古籍。

《永乐大典》为什么要历尽艰险飘洋过海送往大洋彼岸呢?

原来,1933年日军进犯华北,北平告急。国民党行政院签署命令,将北平历史博物馆、故宫博物院所藏精品南迁上海。北平图书馆精选出一批珍贵古籍,紧急运往上海法租界公共仓库。上海沦陷后,这批珍贵古籍的安全再次受到威胁。

法租界的洋泾浜外滩

当时德意日法西斯力量在世界各地横行,大部分国家被卷入战火之中,只有美国等极少数国家还置身于战争之外。于是,北平图书馆馆长袁同礼在万般无奈之下,又从已转运至上海的这批珍贵古籍中,再次精选出包括《永乐大典》在内的数万册,分批送到美国国会图书馆寄存。这也许是一个比较安全的办法。

就在最后一批善本送上美国商船的第三天,即1941年12月7日,震惊世界的珍珠港事件爆发了,这批善本就这样在战火中被运到美国。直到1965年,在美国国会图书馆保存了24年以后,才重新安全运回中国台湾。目前60册《永乐大典》就收藏于中国台湾的中央图书馆。

中国书籍史上最大的疑案

《永乐大典》究竟是怎样一部奇书?它为何受到这么多人的关注和保护呢?

百科全书最大的特点就是规模大,内容多,被喻为没有围墙的大学。那么,《永乐大典》的规模到底有多大呢?

明成祖朱棣画像

明成祖朱棣是一位颇有建树的皇帝,他下令编纂《永乐大典》。永乐三年(1403年),高僧姚广孝和翰林学士解缙受命带领3 000多文臣,开始进行编纂。经过4年的辛勤劳动,才完成了这项浩大的工程。

《永乐大典》共辑录图书七八千种,将中国古代典籍尽收其中。内容包罗万象,保存了大量此前中国文学、艺术、史地、哲学、宗教和应用科学等方面的丰富资料。正文共22 877卷,凡例和目录60卷,装成11 095册,总字数约3.7亿字。

《永乐大典》是一部古今中外所罕见的大型书籍,是中国古代最为成熟、最为杰出的"百科全书"。

今天,在北京中国国家图书馆有一个神秘的地下宝库,存放着极为珍贵的馆藏。工作人员为我们小心翼翼地打开了一个紫檀木书柜,一册精美的大书呈现在我们眼前,它正是举世闻名的《永乐大典》。这里珍藏着161册《永乐大典》,作为中国国家图书馆的镇馆之宝。

编修官员们正在编纂《永乐大典》

目前,《永乐大典》散落在日本、英国、美国等8个国家和地区,总数为800余卷、400册左右。其中中国国家图书馆收藏221册(包括现存台北故宫博物院的60册),居世界收藏之首。

从中国国家图书馆的一张表中,可以看到《永乐大典》收藏在下列国家和地区。

《永乐大典》收藏单位一览:

1.中国国家图书馆

2.上海图书馆
3.四川大学图书馆
4.中国的台湾省中央图书馆
5.中国的台湾省历史语言研究所
6.日本国会图书馆
7.日本东洋文库
8.日本京都大学人文科学研究所
9.日本京都大学附属图书馆
10.日本天理图书馆
11.日本静嘉堂文库
12.日本斯道文库
13.日本大阪府立图书馆
14.日本武田长兵卫
15.日本石黑传六
16.日本小川光已
17.英国博物馆
18.英国牛津大学图书馆
19.英国伦敦大学东方语言学校
20.英国剑桥大学
21.英国马登
22.德国汉堡大学图书馆
23.德国科隆基莫图书馆
24.柏林人种博物馆
25.美国国会图书馆
26.美国哈佛大学图书馆
27.美国康奈尔大学
28.美国波士顿图书馆
29.越南河内法国远东学院
30.韩国旧京李王职文库

然而，目前在全世界范围内发现的《永乐大典》的总数，还不到原书的4%。也就是说，96%的《永乐大典》不知下落。

那么，1万多册的《永乐大典》是完全遗失了，还是藏在世界上某个不为人知的角落？

馆藏的《永乐大典》是北京中国国家图书馆的镇馆之宝

丢失流散的秘密

20世纪50年代，中华书局准备影印出版《永乐大典》，资深编辑张忱石开始对《永乐大典》进行调查搜集工作。

据记载，《永乐大典》修成后，最初藏在南京的文渊阁。永乐十九年(1421年)，随着朱棣皇帝迁都北京，《永乐大典》也从南京转运到了北京紫禁城，作为皇家藏书，秘不示人。

张忱石从史书中寻找《永乐大典》的踪迹，哪怕只言片语的记载也不放过。

明末宦官刘若愚写了一本以记述明末宫闱旧闻

散落于世界各地的《永乐大典》容颜写满了沧桑

秘事著称的《酌中志》。书中说到,到了他这个时候,已经没有听说关于《永乐大典》的消息了。

然而,到了清朝康熙年间,却无意间发现了《永乐大典》。据记载,清康熙年间的一天,徐乾学、高士奇等官员打开了位于北京南池子大街的皇史的大门。这座皇家档案馆建成于明嘉靖十五年(1536年)。整个建筑用大石头雕砌而成,防火防潮,保存着明清两代皇帝实录、皇帝家谱等皇家档案。

让人意想不到的是,很久以来下落不明的《永乐大典》竟安静地躺在一些特制的"金匮"中。这是《永乐大典》自明末之后首次现世,但它已经残缺不全。

到了乾隆三十七年(1772年),对《永乐大典》进行清查时,发现已经缺1 000多册,合2 422卷。

那么,《永乐大典》是在什么时候丢失的?丢失的部分去了哪里?

张忱石经过仔细分析,发现秘藏于深宫的《永乐大典》流失的第一个环节在朝廷官员身上。

清乾隆三十九年(1774年)六月的一天晚上,《四库全书》修纂官黄寿龄没有像往常一样按时完成任务,只好将6册《永乐大典》用包袱裹好,私自带出宫外,准备回家加班。当走到米市胡同时,黄寿龄突然腹痛难忍,仆人只好放下包袱,陪同他匆匆走向偏僻的角落。然而,当两人再次返回原地时,却发现包袱已经不翼而飞。

乾隆皇帝大为震怒,立即命令展开全城大搜捕。可能是由于官府搜缉太紧,偷盗者无法脱手。1个月后,丢失的6册《永乐大典》被人拾到交回。黄寿龄虽然被免一死,但仍受到罚俸3年的处分。

清光绪元年(1875年),再次清点《永乐大典》已不到5 000册。到光绪二十年(1894年)六月,检查时发现竟只剩下800册了。短短20年间,从5 000册减少到800册,《永乐大典》正以惊人的速度在流失。

究竟是什么原因导致《永乐大典》流失得如此之快?据记载,原来《四库全书》修撰完成之后,一些官员视《永乐大典》为多余之物,被束之高阁,任由蛛网尘封,虫咬鼠啮。一些官员便趁机偷窃。

那么,这些"偷书官"又是用什么方法偷出去的呢?据记载,到了冬天,翰林院的一些官员早上进翰林院时,都随身带一件棉袍,但不穿在身上,而是打成如2册《永乐大典》形状

古迹寻踪

包含了《永乐大典》在内的四库全书今天依然发挥着作用

大小的包袱。夜晚，再将棉袍穿在身上，而将2本《永乐大典》打入包袱，骗带出来。如光绪年间翰林侍读文廷式一个人就盗走100多册。文廷式死后，又被其后人向外出售。《永乐大典》就这样大量流失了。

至于《永乐大典》远离祖国，流散到异域远邦，则缘于八国联军入侵北京的那段民族屈辱史。

清光绪二十六年(1900年)，八国联军入侵北京，翰林院所在地很快沦为战场。那些价值连城、从未在皇宫之外面世的古籍，有些已被大火吞没，有些则被随意抛弃，有些甚至用来代替砖块构筑工事。在这场灾难中，一部分《永乐大典》被这些侵略者劫掠到世界各地。

最后的答案也许在明永陵地宫

今天，在北京中国国家图书馆收藏的《永乐大典》，专家们发现其纸张都是明嘉靖时期的皮纸，也叫白棉纸。而且，书后都注明了重录总校官、分校官、写书官及圈点人姓名。因此，可以推断这是明朝嘉靖时期的抄本。这就是说，今天中国国家图书馆收藏的所有《永乐大典》都不是永乐年间编纂的。

而且，目前流散在世界各地的《永乐大典》，都有一个共同的特征：每本书的后面都注明了当时的重录官员，而这些官员全部是明朝嘉靖皇帝时期的官员。

这就是说，目前世界上见到的《永乐大典》都不是永乐年间编纂的。

那么，《永乐大典》除了永乐年间的版本外，到底还有几个版本呢？

据记载，《永乐大典》修成后，明朝各代皇帝中查阅过的寥寥可数，唯独明世宗嘉靖皇帝似乎对《永乐大典》特别感兴趣，常常在案头放置几册，以备随时翻阅。

嘉靖皇帝是《永乐大典》的忠实读者，似乎也是《永乐大典》正本去向的焦点人物

嘉靖皇帝一直想将《永乐大典》重录一部，但因工程浩大，难度太高而被搁置下来。嘉靖三十六年(1557年)四月，皇宫发生大火，存放《永乐大典》的文楼受到严重威胁。嘉靖皇帝一夜下了三四道命令抢救《永乐大典》。由于抢救及时，《永乐大典》才逃过劫难。心有余悸的嘉靖皇帝决心将《永乐大典》重录一部，"两处收藏，以备不虞"。

皇宫大火之后的第五年秋天，工程浩大的《永乐大典》重录工作开始了。重录官员按照原书"对本抄写"，进行了整整6年，直到嘉靖皇帝去世，穆宗皇帝继位才得以完成。

这样一来，《永乐大典》便有了两个版本。现在人们习惯于把永乐年间的第一个版本称为正本，把嘉靖年间的重录本称为副本。

北京中国国家图书馆收藏的以及流失海内外的《永乐大典》的残本，全部是明朝嘉靖年间的副本。

《永乐大典》的正本至今一卷也没有被发现，这就是说，《永乐大典》正本彻底失踪了。

清末一位学者缪荃孙提出了这样的看法：正本毁于清嘉庆二年乾清宫的一场大火。

张忱石对此提出了不同的意见。因为乾隆九年至乾隆四十年期间，清政府曾对宫中藏书清理，编成了《天禄琳琅书目》。《永乐大典》正本假如在乾清宫，怎么可能没有被编入《天禄琳琅书目》呢？

另外，乾隆年间编纂《四库全书》时，曾有人怀疑康熙年间，徐乾学、高士奇等人常在皇史翻阅此书，有可能取走未交回。于是乾隆下令两江总督高晋、浙江巡抚三宝到两家查访。但一本也没有找到。乾隆年间的这次大规模查访，似乎也质疑了《永乐大典》正本毁于乾清宫大火的真实性。

第二种说法是毁于明亡之际。崇祯十七年（1628年）三月，李自成攻占北京，即位称帝。后在满汉联军夹击之下匆忙撤出北京。临行下令放火焚烧宫殿、城楼。《永乐大典》很可能在此时化为灰烬了。

然而，张忱石认为这种说法也没有真凭实据，因为没有发现《永乐大典》在此时被焚毁的任何记载。

尽管众说纷纭，但一个不可改变的事实是，几百年来，《永乐大典》正本从未现身。而且所有正、野史均找不到准确记载。

栾贵明是当今研究《永乐大典》的权威学者，他认为，应该从历史上最后一次被准确记载的时间入手，也就是嘉靖皇帝重录副本的年代开始，这可能是破解《永乐大典》正本之谜的关键所在。

《明世宗实录》记载：上(按：嘉靖)初年，好古礼

古迹寻踪

明十三陵中规模最大的永陵，是最有可能回答《永乐大典》正本去向的地方

文之事，时取探讨，殊宝爱之。《永乐大典》是嘉靖帝的"殊宝"。并且明确强调要"重录"、"两处收藏"。

"两处收藏"是否暗示着什么呢？栾贵明认为，正本最后出现在嘉靖的丧葬期间，这两者之间应该有密切的关联。在《明实录》中关于嘉靖丧葬和《永乐大典》重录两件事的大量记载中，有几个日期很值得注意。

"嘉靖四十五年(1567年)十二月十四日(庚子)，嘉靖帝崩，年六十，在位四十五年。"

"三月十七日(壬申)，嘉靖帝入葬永陵。"

"四月十五日(戊戌)，隆庆帝赏赐重录《永乐大典》成者。"

这些礼仪日程表明，嘉靖皇帝是在死后3个月才下葬，此时已到了隆庆元年三月。而新皇帝表彰重录人员的日期是在隆庆元年四月，重录完成的日子应当在四月之前。这是一个符合逻辑的推理。

嘉靖皇帝的丧葬与正本失踪的日期如此接近，这难道是一种巧合吗？中国古代王朝修典既成，在大肆张扬进呈褒奖的同时，都会记载该书典藏于何处，并在官修书目中著录，以彰炳皇恩浩荡。这已是历代皇帝修典的定式，然而《永乐大典》的重录却没有这样做，而且在《明实录》中也没有提及《永乐大典》正、副本分藏在什么地方。这是为什么呢？

显然，《永乐大典》正本的消失，带有人为性质。而人为的焦点似乎在嘉靖皇帝。

如果嘉靖皇帝是《永乐大典》正本失踪的幕后主使，那么，他究竟把《永乐大典》正本带到哪里去了呢？

对于中国古代帝王来说，死后要带走自己生前所喜爱的东西，无一例外选择陪葬方式。那么，对于嘉靖皇帝喜爱的《永乐大典》正本，有可能已经被随同葬入嘉靖皇帝经营了十几年的地下皇宫——永陵。

当然，《永乐大典》正本是否成为嘉靖皇帝的陪葬品，只能是一种理论上的推测。也许等到永陵地宫被打开之时，我们就会有一个答案。

寻找墓穴的主人

一个偶然的发现，使一座令人们颇感困惑的千年古墓得以展现在人们面前：

它规模宏大，但却虎头蛇尾，是个"半截子工程"；它规格甚高，但却凌乱不堪，严重有悖于古代严格的丧葬礼法。

然而，由于墓穴早年被盗，大量有价值的随葬品及重要的考古线索已无从查找。

于是，要解释清楚墓葬中诸多令人困惑的现象，要揭开随葬于这座古墓中众多的历史悬谜，首要之事就是——寻找墓穴的主人

上千人的陶俑群从地下凸显出来，五官清晰，但个头比真人小了不少

1984年一个星期天的中午，江苏省徐州市狮子山村小学的几个学生在一个刚刚被推土机推出的采土场玩耍时，偶然发现了一些有鼻子有眼用泥土烧成的小人头……闻讯而至的文物专家在考察完发现小人头的现场后，发现泥土里不仅仅只有小人头，而且有身体，它们是一个个人形陶俑。已被发现的这几十个陶俑虽然已身首异处、残破不堪，但从形制上看它们之间的差别不大，应是群体性的一组。专家认为，这可能是一个重大的发现，在周边还应该会有类似的陶俑出现。于是，立即找人封锁了现场，并把初步勘察的结果向上级进行了汇报。

神秘的"军阵"

徐州市的有关部门对这一发现非常重视，把市里最主要的考古人员全都调往现场。经过大约60天的探察，到了1984年年底，共发掘出了5个俑坑，出土了4 000多件陶俑。陶俑的姿态主要有立式和坐式两种，包括官员俑、卫士俑、发辫俑、甲士俑等10余种，但唯独没有一个女人俑，而且动物俑也只有马俑，其性质非常单纯。由此专家断定：这是一个兵马俑军阵。

提到兵马俑，人们会首先想到西安的秦兵马俑。秦俑不仅和真人的大小差不多，而且俑的表情、服饰、发型都各不一样，似乎每一名陶俑都有各自的性格特点，是完完全全真人的复制。而这次出土的这些

古迹寻踪

徐州狮子山汉墓兵马俑军阵

兵马俑显然无法和秦俑相比，从俑的形象上来说，这些俑的神情都很相像，相同兵种的俑更加类似，应是从同样的模子里铸出来的；从俑的大小和俑阵的规模来看，这些由几十厘米高的陶俑组成的只能算是缩小版的军阵……在考古专家眼中，这些兵马俑与秦俑唯一的共性就是——它们主人的身份都非同小可。因为在中国古代礼制中，只有皇帝或者是身世显赫的人下葬才能使用兵马俑。那么，徐州狮子山兵马俑的主人又会是谁呢？

踏破铁鞋觅王陵

根据已掌握的情况，历史上从来没有哪位皇帝葬在徐州，这里级别最高的统治者是西汉时期中央册封的同姓诸侯王——楚王，共12代，他们死后都葬在了徐州周围地区。通过前后比较，用军阵送葬如此高级别的葬礼，是只有楚王统治徐州的时候才有资格、有条件、有能力完成的杰作。那么，兵马俑的主人可能就是这12代刘姓楚王中的一位，但他是哪一位呢？

发现兵马俑的狮子山是一个高出地面只有61米的小山包，考古专家根据以往的经验判断，兵马俑的主人墓应该就在狮子山上。但狮子山几十厘米的土层下就是石头，探墓用的洛阳铲在此毫无用武之地；当请来地质物探方面的专家携带众多先进仪器忙碌了数十天后，虽然在仪器上发现了一块导电异常区，地质物探方面的专家也肯定地说这就是墓道，但出乎意料的是，挖了不到一米深就是基岩，再挖，不到一米还是基岩……这次用科技手段找墓算是彻底失败了，但仪器为什么会如此显示，专家一时也解释不清。随后的几次找墓行动也都无功而返……

1991年的一天，一位一直在苦苦寻觅的考古专家偶然在两个村口下棋老汉的闲聊中听到早年有人在山上挖过红薯窖，这无异于一声炸雷惊醒梦中人。因为在经验丰富的考

秦兵马俑军阵，是完完全全的真人复制

徐州狮子山汉墓外墓道

古专家看来，这是一个十分专业而又简单的问题。它只有一种合理的解释，就是山岩之中原本没有大面积泥土，是后来人为搬运而来，也就是说红薯窖正好挖在墓穴的填土层上。于是他立即找到那家挖过红薯窖的农户，并聘了几名农工挖了起来，一连挖了3天。就在第三天的中午，泥土中终于露出了一块很大的石头。当考古学家小心翼翼地慢慢拨开泥土，就在这块石头上人们惊喜地看到了人工开凿的痕迹。又继续挖了半天，底下仍然是布满人工凿痕的石壁。这就是说，历经数年的苦苦寻觅，人们终于找到了深埋地下千年古墓的墓道墙壁。

王陵现世 疑窦丛生

1992年12月16日，考古工作者对狮子山汉墓进行了一次尝试性发掘。发掘中，在这里发现了文物，但同时也发现了盗洞。这就是说，狮子山汉墓可能是一座已被洗劫一空的墓葬。

1994年11月，国家文物局批准发掘主墓。到1995年1月11日，主墓的外部结构已全部呈现在人们眼前：主墓室的门口堆放着几块

凌乱的墓门口

每块重达五六吨的巨大条石，这是下葬者为了防止主墓室被盗而用来封堵墓门的塞石。其中有的塞石已经被拉了出来，而且上面还扔满了各种文物。考古人员估计，这可能是盗墓贼所为。在对墓室的清理过程中，除了可见大量铜钱外，还发现了一些名贵的玉器。更令队员们的心狂跳不已的是，塞石上还出现了无数的玉片，在个别玉片上还发现了缠绕在上面的金丝。专家推测，这些白玉应该是墓主人下葬时身上所穿的金缕玉衣的玉片。盗墓贼行窃时，可能因为光线太暗，盗墓贼将玉衣拖到了墓门口，一片片拆散，抽走了上面的金丝。而玉璜、玉璧等这些更名贵的宝物，都是王室的标志性器物，盗贼即使把它们拿到外面也没有任何用处，不但无法换成金钱，还有

可能招来杀身之祸。由此看来，盗墓的时间离下葬的时间应该不会相隔多久。

墓穴中的钱库

出土的玉璧

虽然从墓穴中出土的大量盗墓贼窃后残余的文物中，仅金缕玉衣一项就足以说明墓主人的楚王身份，可由于金印等可以说明墓主人究竟是哪位楚王的直接证据早已被盗墓贼席卷一空，这不能不说是一个巨大的遗憾。但在遗憾之余，联系从发现、到发掘、再到清理的全过程，这座西汉诸侯王的墓葬与以往发掘到的西汉诸侯王墓葬存在着许多不同之处，让考古工作者们迷惑难解：

——俑坑十分随意、简陋，就连坑中的岩石都没有除去。按理说陶俑应按诸兵种统一布阵下葬，但在这里都混在了一起，就像胡乱堆进去的一样。而这一切在注重礼教的中国古代，是要冒杀头之罪的、是不可思议的。

——用来堵塞墓门的每块塞石上都有确定其应在位置的标码，但并没有按照标码摆放。看来，当时工匠们是将大小差不多的塞石胡乱往门口一放，只要能堵住墓门就行了。

——一般西汉早期的王室墓葬，棺椁都停放在后室。然而在这座墓中，墓主人的骸骨却被安放在后室前面的一间侧室。这在讲究礼仪的中国古代，可谓是一个天大的纰漏。

——从整个墓葬工程看，墓道门口的巨石没有移走；大多数墓室的墙壁没有加工平整，有一间墓室根本没有凿完；后室地面凹凸不平，而且还有继续向后开凿的趋势；更有甚者，诺大的

塞石和它上面的"牛鼻眼"。当年盗墓贼也不知是采用了什么手段将这一块块重达五六吨的巨石拉了出来

地宫中居然没有发现厕所,因为在徐州地区已经发掘的其他早期汉墓中,厕所是最常见的设施。在汉代,人们认为人死了,只不过是换个地方继续生活,所以在人间的一切,都要在地宫中得到反映,厕所在所难免……种种迹象表明,楚王陵地宫根本就没有彻底完成。

那么,为什么地位如此显赫的楚王会被葬在一个根本就没有完成的陵墓中呢?会不会是因为陵墓没有建成,楚王就突然去世了呢?还是因为工程浩大,没有经费最终完成地宫呢?这两种猜测都可以解释楚王陵没有完工的原因,但却无法解答兵马俑军阵仓促放置的谜题。因为,兵马俑的摆放不需要花费很长时间,楚王突然去世和工程经费不足不至于使兵马俑摆放混乱。这种种反常现象的背后一定还有更加复杂的原因。

层层排查 墓主显形

由于缺乏直接断定墓主人身份的证物,考古工作者只能通过对墓葬中发现的文物进行研究,试图从中

墓室内的金银器被洗劫一空

寻找能够反映墓主人身份的蛛丝马迹。先是采用排除法:由于在墓葬中出土了总计约17万枚的铜钱,且都是"半两"钱。"半两"钱是汉武帝元狩5年(公元前118年)之前的一种流通货币,由此考古学家推断,墓主人应是从西汉建国到公元前118年这一时期内的楚王。这就将寻找范围从12位缩小到了5位。再就是清理陵墓时发现的二百多枚印章,其中有一类是楚国下属郡县官吏的,如卞之右尉、兰陵之印等。又通过对照史籍,楚国辖地在西汉前期和"七王之乱"后是不一样的。由于在其中发现了先属

于楚国,后被中央政府收回的部分郡县官员的印章,因此,可断定这位墓主人是在楚国疆域变化前下葬的。鉴于第四代楚王在位的时间是在"七王之乱"之后,因此可确切地说墓主人是前三代楚王之一。

接下来再通过筛选法:由于第一代楚王刘交的陵墓已被找到,在今天的铜山县夹河乡一个叫楚王山的地方,因此可以筛除;第二代楚王刘郢客在位只有4年,按当时的生产工具和技术条件是无法完成如此规模陵墓的工程的,因此也可筛除;这样,就剩下第三代楚王刘戊了。那么,陵

墓的主人是不是他呢？

真相大白

从墓葬的工程量上看：第三代楚王刘戊在位20年。这段时间正是汉朝"文景之治"的繁荣阶段，也是楚国国力最强盛的时期。按照帝、王在登基的第二年就开始为自己修墓的汉代葬制，刘戊有充足的财力和时间来为自己建造一座大规模的陵墓。从这一点上看，与墓葬的规模是相符的。

从墓主人的年龄上看：刘戊因参加"七王之乱"兵败后畏罪自杀，当时也就是三十多岁。而对墓主人骨骸用现代科学仪器进行研究显示：男性，身高1.72米左右，年龄35岁左右，非疾病和中毒死亡。两者之间至少在年龄上是相符的。

于是，人们通过史籍中的点滴线索，推理出了这样一个故事梗概。

汉景帝二年，薄太后去世，举国服丧。作为当时一个十分强大诸侯国的国君，唯我独尊的楚王刘戊根本没将此事放在心上，公然在太后的丧期内肆无忌惮地淫乱享乐。消息传到了朝中，大臣们强烈要求杀掉刘戊，但念及兄弟之情的汉景帝只是将一些楚国的封地收归中央以示惩罚，并没有深究刘戊的罪责。但刘戊并没有感恩戴德，反而记恨在心，成为不久后吴王反叛中央政权的帮凶，这就是历史上著名的汉初"七王之乱"。

叛乱不久就被平息，刘戊自知罪孽深重不得不自杀身亡。刘戊死后，楚国一方面向中央政府请罪，而另一方面利用长安与楚国相距1 000多千米消息不通之机，打了个"时间差"，匆匆以王者之礼抢先一步将刘戊下葬，给中央政府制造了一个"既成事实"。在下葬过程中，由于修了近20年的地宫还没有最后完成，棺椁就只好放在了一个临时的位置上。又由于刘戊生前已经是一个叛王，其家族明知中央政府决不会允许他使用兵马俑来作为陪葬，因为这如同让他在地下还能带兵，等于鼓励其他的诸侯王继续造反，因此只能偷偷胡乱掩埋……

当时的真实情形谁也无法知道了，只剩下合理的推测，也许，这就是狮子山兵马俑摆放凌乱不堪的原因。

如今，2 000年前的显赫荣华已经远逝，留下的只有枯骨一堆。好在现代科技能根据头骨的轮廓特征复原出这位楚王当时的容貌，还有那《汉书》上再也抹不去的名字——刘戊，他们将和这座地宫一起，向后人诉说那一段遥远的故事。

根据墓主人头骨复原的楚王像

八阵图寻踪

公元222年，蜀主刘备为报结义二弟关羽被害之仇，起倾国之兵征伐东吴。谁知彝陵一战，为东吴大将陆逊所败，逃避白帝城。著名古典小说《三国演义》第84回"陆逊营烧七百里 孔明巧布八阵图"中写道：陆逊乘胜追击，至夔关前一名鱼腹浦之地，见江边有乱石八九十堆，杀气浓重。陆逊入近观看，忽然狂风大作，一霎时，飞沙走石，遮天盖地。但见怪石嵯峨，槎枒似剑；横沙立土，重叠如山；江声浪涌，有如剑鼓之声。急欲回时，无路可出。后得一老者引出后方知，此为诸葛亮入川时设下的石阵，名"八阵图"。该阵反复八门，按遁甲为休、生、伤、杜、景、死、惊、开。每日每时，变化无端，可比十万精兵……逊遂下令班师。

后杜工部有诗曰：功盖三分国，名成八阵图。江流石不转，遗恨失吞吴。以此来颂扬诸葛亮在魏蜀吴三分天下的斗争中，为创立蜀国基业立下的盖世功勋。时光荏苒，日月如梭，转眼近1 800年过去了。对于失传已久的"八阵图"，人们只能从文献、小说的只言片语中展开丰富的联想了。

诸葛村村景

在浙江中西部的兰溪市境内，有一座位于群山环抱中的小村庄。由于村民大多复姓诸葛，故名诸葛村。由于这个小山村至今还完好地保存着200多座明清时期的古民居，具有相当别致的建筑风格，一时间，它不仅吸引着各类专家学者汇聚于此，也成了众多旅游者频繁光顾、争相一睹的地方，是兰溪旅游业的一张王牌。其实，山清水秀的小村庄在江南举目可见，那么，人们又为何会特别钟情于此呢？

偷鸡贼的尴尬

这里的村民养鸡，都不把鸡笼放在家里，而是放在屋外，鸡也是日出而作、日落而息，进进出出来去自如。一日清晨，一个偷鸡贼偷了一户人家的一只鸡，被

现存于四川奉节长江畔诸葛亮八阵图的石阵布局示意图

古迹寻踪

房屋相连、窄弄（堂）交错的诸葛村建筑布局

发现后丢了鸡鼠窜而逃。谁知，他这个弄堂里跑跑，那个弄堂里跑跑，却怎么也找不到出村的路径，最终还是被抓住了。村里人也没有过分为难他，只是说了他几句，偷鸡贼最后红着脸、低着头，难为情地走了。也许有些人会想：可能是这个偷鸡贼初来乍到，不熟悉路径所以没能逃脱。其实不然，据一位从云南搬来此地居住了一段时间的村民讲："我们这个地方弄堂比较多，连我，这个弄堂那个弄堂有时候都搞不清、找不出来。"

那么，为什么会出现这种情况呢？这还要从这个村的历史和这里的原住村民身上说起。

一代先贤　后继有人

诸葛村的村民不仅大多复姓诸葛，而且令人不可思议的是，他们自认是三国时期蜀汉丞相诸葛亮的后裔。村中有一座名"大公堂"的公共祠堂，供奉的就是大名鼎鼎的诸葛亮。此外他们还保存有全套的

供奉着诸葛亮的大公堂

《诸葛氏宗谱》。可在正史上，只记载有诸葛亮的儿子诸葛瞻和长孙诸葛尚两代，当他们父子战死棉竹后就断线了。因此，诸葛亮有没有后裔延传下来在史学界始终是一个谜。

为了辨别《诸葛氏宗谱》的真伪，弄清诸葛村村民的源流，研究三国历史的专家学者对其进行了考证：

《诸葛氏宗谱》为八开线装本，共有20件39本，记述得严谨有序。宗谱自晋代始共修缮了16次，每一次都是由诸葛后裔中较有名气的人负责主修，且有当时的显达名流为其作序，修谱时的情况在宗谱中都有记载，无一遗漏。如第十六次

《诸葛氏宗谱》对诸葛家族的历史有着明确、详细的记载

修谱是在民国三十六年，由当时的国民党要员陈果夫为其作序，序中提到诸葛氏为汉初诸县侯诸葛婴之后，诸葛亮孙诸葛京曾在晋朝为官；五代唐时，诸葛亮第十五代孙诸葛利宦游山阴任寿昌令，成为诸葛后人在浙江的始祖，寿昌就是现在的浙江建德市。后来他的儿子诸葛青迁到兰溪……陈果夫的序明确说明了浙江兰溪诸葛村的来龙去脉。不仅如此，宗谱上的一些人物和事件如诸葛亮第十五代孙诸葛利宦游山阴任寿昌令；诸葛亮第二十七世孙诸葛大狮定居兰溪诸葛村；诸葛亮第三十六代孙诸葛彦祥捐一万多石粮食赈灾，受明英宗嘉奖，御赐"敕旌尚义之门"的金匾等等，与兰溪地方志上的记载都是一致的。

鉴于宗谱中人物的辈分、姓名、代表性事件与正史中的记述完全吻合，因此说诸葛村提供的宗谱应该是可信的。至此，诸葛亮后裔之谜已经揭开，诸葛村居住的确实是诸葛亮的嫡传后裔。这一发现同时也令一些研究三国文化的专家感到异常兴奋，他们开始深入挖掘宗谱中一些细微的内容。

恪守祖训 避难祛灾

在对《诸葛氏宗谱》的研究中，人们发现了一段对南宋高宗皇帝圣旨内容的记载，云："朕闻尔祖，有

明英宗为表彰诸葛家族济灾放赈而御赐的"敕旌尚义之门"匾额

古迹寻踪

现居于诸葛村的诸葛亮第四十八代孙诸葛坤亨

八阵图以原稿在外，可送进来看，如有其他书也送进来，钦此。"八阵图，这个早已失传的古代军事阵法再次出现在诸葛氏的家谱中，这不能不说是一个重大的发现。据《诸葛氏宗谱》记载，诸葛村创建于宋末元初，创始人为诸葛亮第二十七世孙诸葛大狮。也就是说，在诸葛大狮来到兰溪定居于诸葛村前不久，他的上辈人手中还保存有八阵图的原稿。再有，当年诸葛大狮选择这个地方建设村落，他不是一户人家一间房子两间房子慢慢建造起来形成村落的，而是出重金从原来姓王的人家那里买下整块土地，垦平后统一规划一次性建成的。诸葛大狮死前留下遗训："戒之曰：吾一生精力，尽在阴阳二宅，去后或有灾咎，慎勿疑。"

从那时起至今700多年过去了，所发生的一切好像都在先人的意料之中似的，诸葛氏后人"恪守先训，加意培补，不以改图"，诸葛村虽然历经劫难但都得以幸存，如：

——清咸丰年间，深受祖先正统忠君思想影响的诸葛村民自发组成民团，在清军的配合下与太平军激战于村中。战斗十分惨烈，诸葛村的男丁大批战死，剩下的不足三分之一。太平军虽焚毁了村子外围的一条商业街，但受村中巧妙建筑格局所形成的地势之阻，在顽强的抵抗下并未能占领村庄，最终战斗还是以太平军退出告终。这场激战并没有对诸葛村造成结构上的破坏。

——抗战期间，日寇兵分三路侵犯兰溪。其中一路从寿昌（建德）出发的日军就从诸葛村旁的山下经过，由于诸葛村外围有八座山包围，隐蔽性很好，因此日寇并没有发现祸害村庄；其后日机也曾经轰炸过诸葛村，共投下了12颗炸弹，虽然死了两个人、伤了一个

诸葛村的始建者，诸葛亮第二十七世孙诸葛大狮塑像

人、毁了三十来间房子,但损失并不是很大。

围绕"阴阳双鱼"的八卦布局——管窥"八阵图"

虽然历经战乱和风雨飘摇,诸葛村至今依然保存完好,难道仅仅是因为这是一块风水宝地?专家对诸葛村的建筑格局在进行了仔细考察后,发现了一个比较特殊的现象:

如今的诸葛村大部分都是明清时期的建筑,用一句简单的话概括就是:青砖、灰瓦、马头墙,肥梁、胖柱、小闺房。从内部看,

在八卦双鱼的鱼眼部位分别是两口古井

这些建筑雕梁画栋,古朴典雅,结构精良;外观上瞧,房屋连成片,窄弄相连,看起来都差不多,难以分辨。最奇特的要属它的布局,它与中国传统以中轴线为主的村落布局完全不同,而是一种以一点为核心向多个方向辐射的建筑布局。诸葛村中央有一名"钟池"的池塘,俯视为一太极阴阳鱼形状,一半陆地,一半水塘。更奇妙的是,在鱼眼的位置分别还留有两眼古井。以"钟池"为核心辐射出八条主要街巷,将全村分成八

诸葛村中心地带"钟池"的八卦阴阳鱼造型

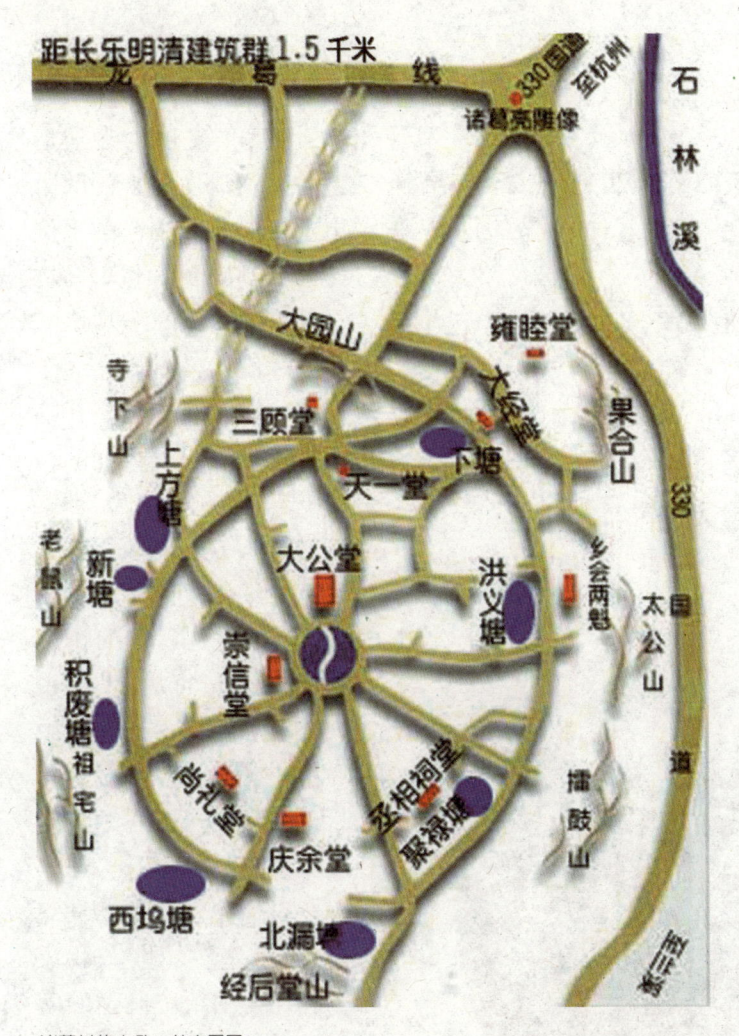

诸葛村的内外八卦布局图

代以前叫做高隆岗，在当地方言中，高隆与卧龙是谐音。这显然不都是巧合。因此，一些专家学者认为，诸葛村特殊的布局可能跟他们先祖诸葛亮的八阵图有着某种程度的联系。

从《诸葛氏宗谱》上看，诸葛大狮定居诸葛村前不久，诸葛氏家族手中还有祖先遗留下的"八阵图"，虽然之后"八阵图"失传的年代现已无从稽考，但是是否可以推断，诸葛大狮在建诸葛村时手中还有"八阵图"图谱，诸葛村是依照或模仿八阵图建造的，至少也与诸葛亮的八阵图存有某些暗合之处。

严格来说，这种推论有它的合理之处，但是也不乏巧合和附会。其实，诸葛村独到的建筑格局与八阵图是否确有联系对于大多数今人来说已并不十分重要，人们更加看重的是古人这种择地而居、能与自然环境巧妙融合在一起的聪明智慧。因此，从另一个角度讲，就选址布局、建筑风格而言，诸葛村都堪称建筑史上的一个奇迹。

个不规则的区域，包括大公堂、丞相祠堂等一些主要的建筑以及民房均是按照这样的结构进行布局的。

再从整个村的地理环境着眼，周边整个地形就像一口锅，四周高，中间低，诸葛村恰恰就坐落在锅底的位置，而村落四周环绕着的八座小山，恰巧形成了外八卦。这样，外八卦套内八卦就成了诸葛村最显著的特色。

更令人称奇不已的是，当年诸葛孔明隐居隆中卧龙岗时，居所附近有一座小山叫砚山。现诸葛村附近也有一座砚山，而且诸葛村明

失落的古国

30余年前,在关中大地的黄土台塬上,照常耕作的村民们用手中的锄头启封了一段已深埋数千年不为人知的历史。

几个悬疑密布的墓室,再现了西周初年人殉的血腥场景;接二连三的发现,建构了一个王室的历史脉络;一波三折的考证,拨开了历史的重重迷雾;抽丝剥茧般的努力探询,终使一个史籍失载的千年古国清晰地呈现在世人面前。

30余年前的一天,在陕西省宝鸡市茹家庄的黄土台塬上,村民在耕作时无意中刨到一个土坑。起先人们并没在意夹杂在土坑泥土中大量散乱的马骨,但接下来随着锄头落下去所发出的一下清脆响声,村民们陆续刨出了一些镂刻着精美花纹的铜疙瘩……

村民在田间发现离奇铜器的消息,引起了考古工作者的重视,大学刚毕业不久的卢连成很快就被市文管所的领导派到了茹家庄。通过实地考察,卢连成初步判断这里极有可能埋藏着西周时期的遗存。因为,村民所发现的和随后考古队员清理出来的两个出土有马骨和铜器的土坑按其形制应属陪葬车马坑(村民所发现的车马坑随即被命名为"茹家庄一号车马坑",考古队员随后在临近清理出的同一时期的另一座车马坑被命名为"茹家庄三号车马坑",而那些镂刻有精细花纹的斑驳铜疙瘩,无疑就是马车的小型青铜构件)。可是,两座车马坑却大不相同:一号坑中的马骨凌乱,有许多还是折断或变形的;而三号坑中的却非常整齐,依序排列在车辕杆的左右,保存得极其完好。虽然卢连成对这一现象一时还无法给出确凿的解释,但根据所学的考古知识:车马坑作为陪葬坑,其附近必定有主墓。于是,卢连成开始在车马坑的周围寻找主墓的踪迹。但茫茫黄土台塬,这无异于大海捞针。

俗话说得好:踏破铁鞋无觅处,得来全不费功夫。在与当地村民的闲聊中,一位村民告诉他,他们

| 古迹寻踪

"茹家庄一号车马坑"复原图

这里有一块梯田不适宜种庄稼，它的土质与其他地方不同，很硬……说者无意，听者有心，职业的敏感让卢连成意识到这里面大有文章：这片令村民苦不堪言，夹杂着炭渣、五花土和细碎陶片的坚硬土地，可能就是主墓的夯土层。很快，钻探工作有了突破性进展，主墓找到了。

悬疑密布的千年古墓

这座被命名为"茹家庄一号墓"的古墓的主墓室发掘工作在1975年元旦全面展开。经过数月的考古发掘，人们已能清晰地看出这是一座保存良好的、拥有一条墓道的、呈甲字形的大墓。墓中有两个椁室，分别埋葬着两具尸体：主椁室葬的是一名仰身直肢的男性，身旁有着大量的随葬兵器；在主椁室的西部有一间略小的椁室，内葬有一名女性，从其旁边泥土上的印记看，她下葬时穿着高贵美丽的丝绸衣裳。虽然历经数千年，棺椁的木材和墓主人的尸骨都已腐烂或化为齑粉，但从出土青铜器的铭文上，卢连成还是认出男性墓主叫鱼伯，女性姓儿。从墓葬的形制（甲形墓、有墓道和车马坑）和墓室中青铜礼器的组合（五鼎四簋）上看，墓主人鱼伯应是诸侯的身份，也就是说他应是西周丰镐畿内一个诸侯小国的国君。

从一号墓墓室的布置结构看，两个椁室并排安置，没有任何搅乱和相互打破的现象，因此可断定两人应是同时下葬的。这座墓可能是一座夫妻合葬墓。

考古队员正在对墓地进行清理

但当考古队员清理到一号墓最边上时，无意中又发现了一个紧挨着的墓室——茹家庄二号墓。从二号墓出土的10件有铭文的青铜器上人们得知：鱼伯的正室名井姬，出身于周王室一个重要卿士家族，是当时有名的贵族家庭。这座墓，就是井姬的墓。从年代上看，它也略晚于一号墓，属于二次合葬。那么，一号墓就不是一座夫妻合葬墓。可是，墓中的儿姓女子又到底是什么身份呢？由于两个人同时自然死亡是非常罕见的，因此可断定儿氏属陪死殉葬。但如果按照先前推断的儿氏是正室，这种以正室殉葬的制度在当时也是匪夷所思的；如果儿氏是殉奴，那么在等级森严的西周，就是地位高于奴隶的平民也根本不可能享有如此高级别的墓葬规格……因此，儿氏的身份只可能是地位低于井姬，但和鱼伯之间有着密切关系的妾。

几乎是与此同时，考古队员在墓穴中又发现了不寻常的迹象：一块块支离破碎的人骨，其中的一些骨骼呈现出扭曲状，仿佛在展示生前的痛苦；还有一些被火焚烧后呈现炭化的竹节。这些不寻常的现象再联系到一号车马坑中马骨交叉凌乱的布局，3 000多年前发生于此地的一幕不仅在人们面前慢慢展现出来，而且渐渐清晰起来。

鱼伯本是在周人京畿内一个非姬姓异姓小方国的诸侯，虽然国家不大，但他同样过着奴隶主阶层腐朽糜烂的生活。儿姓女子可能是当时另一个小方国诸侯的女儿，后嫁给鱼伯为妾。可能出于多种原因，鱼伯非常宠爱儿妾，"三千宠爱在一身"的儿妾也就恃宠而娇起来。

但当鱼伯受西周王室的册封后，作为外姓人的鱼伯深感在周人京畿内立足不易，于是他试图通过婚姻外交来巩固自己的地位。俗话说"朝中有人好办事"，这样他就相中了由周公旦嫡后执政的井国，迎娶了井侯之女井姬为妻（正室）。井姬嫁过来后，她与以往一直恃宠而娇的儿妾相处得可能并不和睦。

后来鱼伯死了，在那礼法森严的时代，丧葬大事只有正室才有发言权。于是，就在鱼伯的墓口封实前，人们在这里举行了隆重的仪式：人们焚烧竹节，肢解奴隶，活殉马匹（一号车马坑中马骨凌乱的原因就是因活马挣扎所致）……最后，

鱼伯的宠妾——儿氏

就连鱼伯生前最宠爱的儿妾也被殉葬了。

墓葬中被肢解的殉奴骨骸

逐渐清晰的古国脉络

如果人们根据墓中出土的青铜器铭文能够认定鱼伯和井姬确有其人，那么，要证明鱼国这个史籍失载的古国确实存在过，只有找到不同时代的鱼伯墓葬，才能构建一个王室家族的历史脉络。因为，西周社会是一个以血缘关系为纽带的宗族社会形态，一代诸侯不可能独自存在，其宗族应当有一套完整的承传体系。于是，就在茹家庄古墓的发掘工作行将结束之际，考古队员又马不停蹄地沿着清姜江两岸，沿着冯家塬的台地，沿着秦岭北麓一些浅山坡和丘陵地带开始了勘探和调查。考古队走遍了数十个西周遗址区。但是，历时数年的勘察工作未见任何成效，直至1976年10月一个偶然的新发现，才使几近断线的考证工作再呈柳暗花明之势。

1976年10月5日，在距茹家庄3千米外的竹园沟村，村民在田间劳动时先是发现了土壤中的异物，继而找到了一个藏有一些形状怪异器物的洞口。考古队员闻讯而至。经勘查、发掘后，这里竟然是一个拥有22座墓葬和2个马坑的、保存得非常完好的西周时代古墓群。更令卢连成欣喜不已的是，其中一座出土了大量青铜器的古墓（竹园沟四号墓）中的青铜器铭文记载它的主人名叫鱼季。这是一座西周早期偏后大约是周昭王时代的墓葬，根据墓葬的形制及出土的青铜礼器、玉器来判断，这座墓葬与茹家庄一号墓在时代上相互衔接，略早于茹家庄出土的鱼伯墓。这样，在同一地域（当年的鱼国疆域）内，鱼国王室宗族的墓葬终于开始露头了。

到了1980年的秋天，由于连降大雨致使宝鸡西面纸坊头村一家农户的墙壁坍塌，谁知，从塌面内竟然暴露出了一批青铜器。得知这一消息后随即赶来的卢连成根据西周铜器类型、器型学的原理来判断，这批青铜器应该成器于周文王晚期到武王统治时期；再从墓葬的形制规范，青铜器器型、花纹、铭文体例及有自称"鱼伯"、"鱼伯作器"、"鱼伯自作用簋"等铭文内容来判断，这批青铜器应属于迄今为止在宝鸡地区发现的最早一代鱼国国君，他的下葬年代大约在周成王初年。

通过以上发现人们已知道：纸坊头墓地在渭水北岸，是鱼国的早期墓地，大约在周初时代；竹园沟墓地大约是鱼国中期的墓地，已退至渭水南岸，应是在西周的康昭时期；茹家庄鱼国墓地已呈衰败景象，且有逐渐南退的趋势，应是鱼国后期的墓地，大约在周穆王初年时代。但是，要弄清鱼国到底在西周王畿内存在了多久,就要理清鱼国国君的世系,就要找到年代更晚的鱼国国君墓地。为此,卢连成重新回到茹家庄,再次对墓室进行考证。这时,早先发现的一个神秘墓室引起了他的重视。这座墓室的等级与茹家庄一号墓相似,但里面没有棺椁,只在墓室的西北角有一个生土台,台上有一具人骨架。尸体的骨骸保存得非常完好,是个壮年男性,但颈部有皮条缠勒的痕迹。卢连成在反复研究该时期墓室的结构之后认为,这座墓室的主人可能是一代亡国的鱼国国君。修建这座墓时,鱼国还存在,但后来亡国了。因此当他死后,没有隆重的仪式,没有殉奴殉马,甚至连棺椁都没有,最终他的尸骸被扔到了这个空旷的墓室中,再没有人理会。

何去何从——归去来兮

历经多年的艰辛努力,虽然鱼国王室的历史脉络已基本清晰,但这些墓葬中的一些特异现象仍困扰着卢连成和他的同事们:

——已知的西周历史资料表明:在昭康以后,尤其到了穆王阶段,在丰镐、周原这一西周统治的核心区域内,王室成员、高级贵族的墓葬内人殉的现象已十分罕见了。但是,这种野蛮、落后的习俗为何仍在古鱼国如此盛行呢?

——在茹家庄鱼国古墓中,可看到在墓室、椁室中摆放砾石、卵石的葬俗,而这一现象在同时代周人的墓葬中是没有的,也就是说这不是周人的葬俗。

——虽然鱼国贵族墓葬中出土的青铜鼎、簋、乐器、酒器与周贵族墓葬中的出土趋同,但鱼国下层族人的墓葬中出土的一些日常生活用品却迥异甚至罕见于西周下层族人墓葬中的出土。

对此专家们认为:鱼国人和周人分属两个族源,他们不是同一个民族。

鉴于在鱼国墓葬中大量发现有一种地域文化特征极强的钵形尖底罐,具有早期巴蜀文化的某些特征,多见于四川新繁、广汉的早期蜀人遗址,但很少见于典型的周人遗址和墓地,据此,专家对鱼国族人的来龙去脉有了一个这样大致的了解:

鱼国人的先人本是生活在秦岭以南巴蜀地区的一个部族,不知是出于什么原因,他们大约于商周交替时期翻过秦岭到了秦岭北麓,迁移至关中西部现宝鸡一带生息,后被周王室册封为非姬姓诸侯国。鱼国国君为了能在周人的京畿之地立足,虽然采取了联姻等手段试图巩固自己的地位,但还是败于错综复杂的宗族斗争,最终难逃国破家亡的厄运。他们的国君,被胡乱地葬进了他生前为自己准备好的墓室,无人陪葬,甚至连棺椁都没有;而它的下层族人,很可能又再次翻越秦岭,回到他们祖先的土地上去了。

巨墓迷踪

提到中华第一个统一的封建帝国——秦帝国，人们会首先想到横扫六合的千古一帝秦始皇，想到壮观的地下军阵兵马俑，想到统一度量衡和焚书坑儒。但是，秦的先人，那个一直活动于西北边陲的古老部落；秦，这个在东周初年才被册封的、在当时被视为戎狄的"伯"级诸侯国，是如何不断东进而最终一统天下的呢？

人们虽能从残缺的史书所提供的有限线索中勾勒出一个大致的路线，但具体到什么时间发展到什么地方，一直以来因缺乏考古实证而困扰着史学界。直到20世纪80年代中期，随着对一座秦国中期大型墓葬的发掘，人们终于在这条尚模糊的线路上点注了一个精准的坐标。

南指挥村那块长不好庄稼的奇怪荒地下埋藏着的地下工程——一座呈"中"字形的巨大古墓

随着1974年秦始皇陵墓的地下军阵——兵马俑在骊山脚下被发现，人们有了更多的资源去勾勒2 000余年前那段动荡历史发展的大致轮廓。但随之而来的问题却困扰着考古学界，这个帝国从何而来？他们先祖的遗存又在哪里？

虽然史籍中对那个大一统前尚是诸侯国的秦国的相关记载并不少：从春秋的烛之武说秦、弦高犒军诓秦、崤之战败秦、穆公称霸兴秦等到战国时期的商鞅变法强秦，苏秦、张仪的合纵抗秦和连横亲秦，孟尝君靠鸡鸣狗盗逃秦、蔺相如完璧归赵和渑池会上的智勇挫秦、范雎远交近攻谋秦，等等。但是，除了长平之战故地的累累白骨等几处考古发现之外，这些史料记载，缺乏有说服力的考古实证。于是在1975年，陕西省考古所一支考古队来到宝鸡市凤翔县，开始寻找秦人先祖足迹的艰苦历程。历时数月，他们的足迹几乎踏遍了灵山这一关中著名山脉的角角落落，但一无所获。

得来全不费功夫——大墓现世

就在这支考古队还在踏破铁鞋苦苦寻觅之时，在灵山东南30千米之外的一个叫南指挥村的小村庄里，一位村民无意中却遇到了这样一件蹊跷的事情。原来，离这个村子不远处有一块奇怪的荒地，春夏时节，不管雨水多寡，那里庄稼都长不好。对此，生活在附近的人们似乎已是见怪不怪，也从来没人想去深究。1976年的一天，这位村民推着小土车来到这里，他要挖点土修补自家的院墙。铁铲挥处，黄土里带出一些奇怪的土块，它们的颜色和形状与周围黄土明显不同，有黄有红，还夹杂着一些碎石，并且非常坚硬……

一连几天，这一奇怪的现象都是附近村民们闲谈的话题。谁知，这些茶余饭后的闲言碎语恰为陕西省考古所的一位考古专家听到了，职业的敏感使这位考古专家意识到，这里面必有蹊跷。于是，考古队闻讯而来。初步勘察结果：那些奇怪的土块是经过人工夯砸的，它们源自一个巨大的地下工程。这个呈怪异的"中"字形结构的神秘地下工程，占地面积竟然足足有两个国际标准篮球场大。

一场规模空前的考古大发掘由此拉开了序幕。

规模浩大 规格甚高

几个月之后，整个工程的大致形制已被考古队基本摸清。它的主体部分分为三层，整个工程的深度竟然相当于八层楼高。如此形制，基本可以确认这是一座古墓。但墓葬之大，实属罕见。

在清理大墓第二层台基时，考古队员首先发现了一些无棺无椁、杂乱无章的人骨遗骸，它们身首异处、残肢断臂，共有20具之多。对此专家认为，在奴隶社会，奴隶是奴隶主的私有财产，奴隶主有权支配他们的一切，包括其生命。当

图组：大墓中凌乱摆放的被砍杀殉奴的骨骸和众多棺木里屈肢葬的自愿殉人遗骸

时，人们有一种事死如生的观念，认为人死了以后在阴间的生活仍旧跟阳间是一样的。因此，死去的奴隶主仍要带着生前服侍过他的奴隶们一齐跟他去另一个世界，好继续服侍他。于是，就有了这种恐怖的丧葬制度——人殉。墓中这20具凌乱不堪的骨骸，就是作为人牲的殉人，他们生前可能是战俘或者奴隶，在大墓封埋时被砍杀用以祭祀的。

接下来考古队员清理这20具骸骨下面的土层时，又发现了一些棺木，每具棺木中都有一具下肢呈诡异蜷曲状的尸骸。这样的木棺，之后又发掘出160多具！显然，他们也是殉人。但与前者不同的是，考古专家认为他们应属自愿的殉人。

至此，这座神秘大墓中发现的殉人总数已达186具。

根据史籍记载和以往的考古发现人们知道，残酷的人殉始于殷商，盛于先秦，大约到秦朝建立之后，残酷血腥的殉人才逐渐被陶俑所替代，如以往考古发现的大量秦俑、汉俑。因此，可以断定这座神秘的大墓应属一座先秦墓葬，但它属于先秦的哪个年代？哪个国家？墓主人是谁？还有待进一步地发掘。但仅从墓葬的形制和如此恐怖而奢华的排场来看，墓主绝非等闲之辈。

多方考证 认定秦墓

史籍有载：春秋战国时期，在秦人中盛行屈肢葬。所谓屈肢葬，就是在人刚死之时，用布带将其下肢向上卷曲捆扎，然后入棺埋葬。这一记载虽然与棺木中殉人的葬式相吻合，但仅凭这一点并不能说这座大墓就属于秦人。因为，西藏阿里高原的古象雄文明、距今四五千年前的岭南早期文化、距今约4 000年前黄河上游地区的马家窑文化中，都发现过屈肢葬。

根据以往的考古经验，墓葬的方向也是判定墓葬的族属和时代的一个很重要的方面。考古队员在一遍遍反复查看那些棺木之后，一个现象引起了他们的浓厚兴趣：已出土的所有棺木，无一例外，均有规则地东西向摆放。而整个关中地区以及甘肃，在已发现的几千座秦墓中，棺木基本上都是东西向的。

这时（1977年），与这座神秘大墓处于同一范围内的另一处已确定的秦遗址，秦国九都之一的秦雍城遗址的发掘工作获得了突破性的进展。在这座秦古

考古发现的秦雍城遗址。它是当时列国中规模最大的都城，占地面积约11平方千米

"黄肠题凑"本是周天子葬制，但在这座墓中出现了，令人大惑不解

城的寝宫陵园范围内，与这座神秘大墓形制相同的呈"中"字形的大墓陆续出土了18座。

至此可以断定，南指挥村这座神秘的大墓确属秦墓。

但是，人们最不愿看到的情形出现了，封土层上不仅发现了盗洞，而且总数达240余个之多。这就意味着墓中最有价值的文物——青铜器可能已不复存在，整个墓葬可能是一座空墓。如是，不仅一场辛苦将无果而终，这座罕见大墓的主人是谁也将成为一个永久的谜。

再现异端 黄肠题凑

出于多种原因，主墓室的发掘清理工作一直拖到1986年。当人们怀着忐忑的心情清理到墓室中部时，又发现了一个奇怪的现象：在主棺的东、西壁及棺底、盖外，都有两端均有榫头伸出的去皮柏木，并与棺壁南北两侧的柏木榫合，构成了一个长方形的如同房子一般的形制——"黄肠题凑"。

"黄肠题凑"中的"黄肠"，是指去皮后堆垒在棺椁外的黄心柏木枋；"题"，原指人的额头，进而指木枋端面的榫头；"凑"，指垒砌的柏木心端头都向椁内，形成一个长方体的空间。"题凑"是一种葬式，始于上古，多见于汉代，汉以后很少再用。周时，天子、诸侯、大夫、士等均可用"题凑"，但除天子外是不能用柏木，也就是"黄肠"的，多用松木及杂木等。因此，"黄肠题凑"专指天子葬制。

这让考古队员大惑不解，难道前面的判断全错了，这不是一座秦墓？因为在先秦时代，即便是秦王也没有享用这一待遇的资格。这诸多悬疑，只能"'开'棺定论"了。

不幸万幸 野心雄心

墓室终于被打开了，果然不出所料，除了主棺上下有一些石头残片及在棺中发现了一段股骨外，盗墓贼

主棺内唯一的遗存——一段股骨

古迹寻踪

根据石磬残片上"共桓是嗣"的铭文，人们终于知道了大墓的主人是秦景公

"清理战场"的工作完成得可谓干净彻底。这座神秘的大墓，也许注定要留给后人一个不解之谜。

为了从少得可怜的遗存中找到可带来新线索的蛛丝马迹，考古队员开始细致地清理那些碎石残片。也许是皇天不负有心人，其中棺顶上的石头残片经拼凑复原，竟是一双长约一尺的石鞋底，石鞋底东西向放置，底下是鲜红的朱砂。考古专家认为，这种特制的石鞋底在古人看来具有一种象征意义，可以用来保护、维持他的权力。但它对墓主身份的确定，并不能提供更多线索。

有着突破性意义的发现在棺底的碎石残片上。在一只复原的石磬上竟然发现了一篇记述一次宫廷宴乐活动的铭文。而且铭文中详细指出了这次活动的召集者，也就是这座大墓的主人是"共桓是嗣"，就是说这个人是共公和桓公的继承人。以此再对照其他史料，这个人就是秦景公。秦景公自公元前577年继位，在位40年，他是秦国的第14代统治者，始皇嬴政的第18代先祖。

秦景公墓后来被定名为"秦公一号大墓"，它是中国迄今发掘到的最大古墓。由此人们可知：那时的秦国，已在雍城雄据百年，国力也日渐强大；也正是在那个"礼崩乐坏"的大环境下，秦君僭越使用天子葬仪，而且规格竟然超过周天子的几十倍。这足以说明，至少从那时起，秦人已有了不臣之野心和不甘屈守关中、倾力东向发展的雄心。这样，秦人此后能兵锋一路东指，霸周原、灭六国，一统华夏，也就容易理解了。

洋海古墓

吐鲁番盆地,火焰山脚下,突然发现上千座古墓,千年的竖琴,带孔的颅骨,至今依然绿色的大麻叶,还有神秘的萨满(巫师)……

让我们走近洋海古墓,认识古代洋海人的生活。

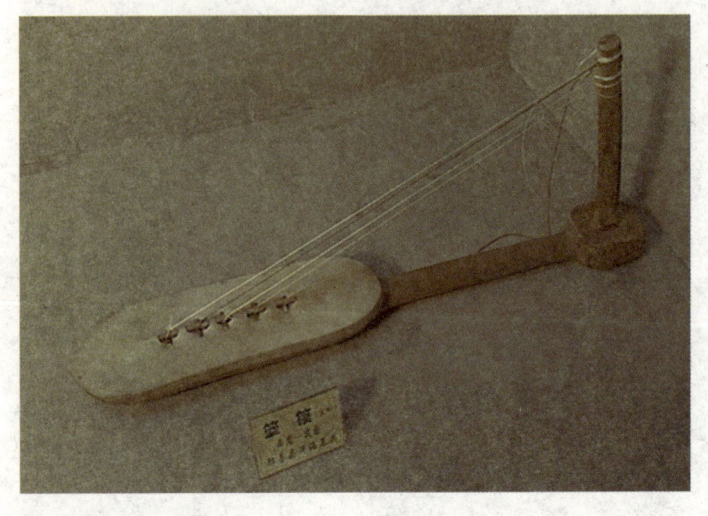

洋海古墓出土的箜篌复制品

数千古墓从何而来

新疆维吾尔自治区吐鲁番盆地北部的火焰山,当年曾因挡住唐僧前往西天取经的道路而为人所知,如今又因这里的一个考古发现引起世人的瞩目。

1988年冬,火焰山南部的鄯善县洋海村,一位村民在挖凿坎儿井时,刨出了一个惊人的发现:在一个台地的戈壁砾石下面,发现了一座年代久远的古墓。然而更令人震惊的发现还在后面。

2003年,吐鲁番文物局对这座古墓葬进行了抢救性发掘。令人大感意外的是,本以为这是一座孤坟,不料在它的周围却挖出了越来越多的遗骸。当挖掘到1 500座左右墓葬时,不得不停止下来。因为根据密度估计,这片古墓葬群大约有2 000~3 000座。专家推断,这些墓葬的历史应当在3 000年以上。

那么,在洋海戈壁为什么会存在如此大规模的古墓群呢?

洋海古墓群所在的吐峪沟,有一条从天山上流下来的四季有水的河流,从古时候就将这里冲刷形成洋海墓地所在的3块台地。古时候人死了,就埋在这寸草不生的台地上。活人则生活在附近有水草的地方。生活在这个干旱少雨,绿地十分稀少地区的古代洋海人,可能很早就有死人不跟活人争地的意识,才把死人埋在寸草不生的荒漠戈壁上。传统的习俗无意中将这些墓葬保存了下来。

考古人员从古墓中挖掘出土了大量生活用具,有石头磨凿的纺轮,冶炼铜器的吹管。特别引起专家们兴趣的是,有个墓主人身边摆放着一件乐器,一件形似今天西洋乐器中竖琴的箜篌。箜篌的音箱与基座一体,基座的一端竖着一根柱子,在柱子与音箱之间由5根牛筋相连作为琴弦,音箱口蒙有羊皮。

在此之前,人们只是

从汉代的石画像、砖画像以及敦煌壁画里看到类似小竖琴的形象。并没有发现早期的箜篌实物。现在中国境内已经发现了5个早期的箜篌实物，都是在新疆维吾尔自治区发现的。其中3个出自洋海古墓群。

箜篌可能是今天西洋乐器中竖琴最早的原型，有关部门曾经专门从美国请来竖琴演奏家来到吐鲁番演奏箜篌的复制品，可是发现箜篌的音调并不准确。这一结果令人怀疑，3 000年前的洋海人真的已经掌握这种古老的弹拨乐器了吗？

古墓的主人是萨满（巫师）吗？

《隋书·音乐志》记载，箜篌"出自西域，非华夏旧器"。音乐史学家认为箜篌源于中亚，经新疆维吾尔自治区传入中原地区。

那么，洋海古墓出土的箜篌，其主人到底是属于较高阶层的人士，还是属于普通的乐师呢？

专家分析，洋海地区当时的居民，其社会分工可能还没有现在这么细致。所谓的乐师可能只是部落中的一些神职人员，在举行宗教仪式时利用箜篌等乐器来渲染气氛。只有他们才可能掌握一些简单的音乐知识，所以，箜篌随葬的古墓主人可能既是乐师同时也是萨满。

萨满即萨满教巫师。据史料记载，萨满教主要流行于北美的印第安人、爱斯基摩人以及中国的蒙族、满族、鄂伦春族。萨满被认为是氏族神在氏族内的代理人或化身，他的主要职能是在节日或重大事件发生时为本民族举行祝祷仪式；为民族成员求儿求女；保护牲畜兴旺；跳神治病等。

在洋海古墓群中，有一个墓葬的主人属于曲直葬法，他两腿蜷起，两手交叉，一手拿一把青铜斧，另一手拿一根木棒，木棒用1厘米左右粗的铜条一圈圈地缠起来，类似于权杖。最奇特的是头上的束发带串着小贝壳，这种贝壳是只有印度洋才出产的稀罕之物，它是经丝绸之路传到这里

萨满（巫师）的遗骸

图组：随葬的铜斧、权杖以及束发带上的小贝壳，证明墓葬主人身份非同寻常

来的。佩戴如此贵重的小贝壳，加上随葬的一件大铜器，说明这座古墓主人的身份非同寻常。

在这座古墓里还发现了一个大皮篓，里面有一些很奇怪的植物。虽然时间过去了3 000年，但叶子依然是绿的。

经鉴定，这些植物是大麻。把它的标本寄到英国，有关专家从中提炼出了大麻酚。这一发现在国际上引起了轰动。

当代的大麻酚最早是由美国人提取出来的，距今只有200年的历史。而萨满对大麻的利用已经有3 000年的历史。很有可能萨满是最早利用大麻的人。因为可以借助天意直接影响部落酋长的权利，萨满往往由部落首领或者跟部落首领血缘关系很近的人来担任。萨满跟神明沟通时，会搞一些仪式，让听众跟着一起喝酒、吃毒蘑菇，甚至吸大麻引发羊角风，最后进入一个精神很愉悦的状态。这就是所谓成功地跟神明进行沟通了。

据史料记载和出土的大麻，似乎可以印证这座古墓主人的身份应该是萨满。

3 000年前的洋海人真的信服于萨满的这种统治吗？

颅骨钻孔究竟是为了什么

考古人员分别在洋海墓地的3个区域发现了十几个钻孔的颅骨。每一颗保存完好的颅骨上面都有一个不规则的孔洞，其中以圆

图组：被钻孔的颅骨

形孔洞为多。人们不禁要问，数千年前的洋海人究竟是一个怎样的民族，为什么会遗存下来这些奇怪的遗骸呢？

专家推测，洋海出土的这些颅骨之所以带有孔洞，极有可能是由原始部落遗存下来的颅骨崇拜造成的。因为古代人类崇拜颅骨的现象比较普遍，比如欧洲古人类就出于对颅骨的崇拜，在死后的人头上钻洞取下一片头骨作为护身符。他们崇拜的对象是战争中的阵亡者，认为活人可以借助死人的灵魂和力量来保佑自己，在此后的战争中取得胜利。

经研究发现，洋海古墓出土的这些颅骨似乎都是在人死后才钻孔的，因为颅骨的孔洞边缘比较尖锐，没有发现愈合的现象。但也有一种可能是死者生前头疼，难以忍受，就给他头上钻个眼来减轻脑压。但很遗憾，这个病人还是死了。之所以如此推断，是因为这里还发现一个女子的腹部有横切的刀口，刀口用马尾巴缝合，可能她是难产或是得了其他疾病。人们猜想认为古代洋海人可能已经有了外科手术。

古代的洋海人究竟过着怎样的生活呢？

出土的葡萄藤

洋海人从哪里来

专家认为，洋海人的祖先是在距今4 500年左右从西方或阿拉泰地区游牧来到吐鲁番地区，发现这里水草丰茂，很适合人类的生存，于是，其中的一支就定居了下来。后来农业传入，一部分人就在这里进行农耕。

可以说，古代洋海人的农业和畜牧业比较发达。吐鲁番盆地以其独特的气候和土壤，造就了悠久的种植历史，尤其是吐鲁番的葡萄远近闻名。

据史书记载，早在2 000多年前张骞出使西域时，就发现吐鲁番盆地种植葡萄。从出土的葡萄果穗以及史料记载，人们一直认为吐鲁番种植葡萄的历史应该是2 000年左右。然而，这个观点受到了最新的挑战，因为在洋海古墓葬群出土了一根葡萄藤，长1.15米，分多节，每节长11厘米。像这样的陪葬品十分罕见。

实际上，葡萄最早产于西亚的土耳其一带，后经人工培育，沿着地中海沿岸扩散开来，一部分向东传播，于距今3 000年左右传到了吐鲁番，在距今2 000年左右传到了中原。当时西来的葡萄很珍贵，于是便有了流传至今的名句"换得葡萄人汉家"。

冬天，葡萄藤在原产地是不需要埋入地下的，但在吐鲁番却必须埋起来。可以想象，当时引进葡萄一定有一个很复杂的探索阶段，可能头一回种时没能成活，即使成活了，但第二年却没结出葡萄来。经过不断探索，在天气寒冷的冬天，为不使葡萄藤冻死，就把它埋起来，春天再把它扒开。这种种植葡萄的方法，足见古代洋海人多么聪慧。

种葡萄，吃葡萄，是洋海人一生所好。所以，当年的洋海人死后就带上一根葡萄藤到另外一个世界去种植，以便能够继续吃上葡萄。

从洋海古墓出土的这根葡萄藤保存完好，目前正在进行DNA分析，看它属于无核白、马奶子还是紫葡萄。如有可能，专家将把它的基因移植到今天的葡萄里，培育出带有远古葡萄基因的新品种来。

古代洋海人的纺织技术也达到较高的水平。从出土的服饰可以看出，当时洋海人的审美观非常强，发掘发现，一些墓葬主人穿衣很讲究，贴身的内衣是羊绒制

鲜艳的毛织物说明当年洋海人的纺织技术已经达到较高的水平

作,要是放到今天也是很贵重的;第二层衣服以毛布织成,或是用毛线织的毛衣;外套是羊皮毛大衣。靴子则用野生动物的皮制作,既轻便暖和又耐磨。

更值得一提的是,原来一般认为张骞出使西域后,才把中原的丝绸带出去,实际上在此之前可能通过间接贸易的方式,丝绸之路就已经存在。因为在洋海古墓出土了一块2 500年前的丝绸。有意思的是,经国家纤维所检测,它并不是中原所产的丝绸,而且是用废蚕丝织成的。据此,专家大胆推测,可能在张骞出使西域之前,洋海地区已经存在养蚕业。只不过养蚕的技术不高,仅会利用被蛾子咬破了的蚕茧来纺织。当然,这个结论还需要进一步论证。

那么,农牧业和纺织业如此发达的洋海人到底来自哪里,属于什么人种呢?

专家分析,古代洋海人从头骨形状看,具有欧洲

东西方文化的交汇,使吐鲁番地区形成多民族聚居地

人深目高鼻的典型特征,可能属于古代印欧人种的一支。而从直观上看,跟楼兰人可能还有一些关系。但最终也要等到研究结果出来才能断定。

实际上,欧洲人种并不仅源于欧洲,高加索地区处于欧亚交界,包括欧罗巴人种在内的最早的印欧以西的民族,都是从那里诞生,然后向四面八方扩散的。当时来到我国新疆的可能有好几支高加索人种,既有地中海地区的人种类型,也有欧罗巴人种

类型。由于各类型的人种集合在一起,才形成今天新疆这种多民族融会共存的情况。

总之,洋海古墓群出土的遗物,描绘着这样的一幅场景:3 000年前,丝绸之路北道上的商队经过洋海,商旅们在此休息;越来越多的人们来这里安家屯田,天山融化的雪水灌溉滋养着桑树、葡萄。瓜果飘香,牛羊成群,洋海逐渐成为丝绸之路北道抵达西域的重要驿站,成为东西方文化的交汇点。

楼兰后人今何在

楼兰，曾是丝绸之路上一个神秘的文明古国。当国家消失以后，楼兰人是否随着家园一起迷失在历史的尘烟之中？散落于浩瀚历史烟海之中的点滴记载，遗存在大漠荒野之中的古城遗址，不知能否帮助我们找到答案。

曾经辉煌的楼兰古国已经消失，只留下倍受世人瞩目的遗址

楼兰变鄯善

100年前，瑞典探险家斯文赫定发现了位于我国罗布泊的楼兰古城遗迹，楼兰从此成为世界瞩目的焦点。帮助探险家发现楼兰遗迹的是当地的两位向导阿布都热依木和奥尔德克。

公元2世纪，楼兰国出现在罗布泊边，到公元4世纪，这个丝绸之路上的文明古国突然神秘地消失了。当国家衰败、家园荒芜后，楼兰的子民们又在何处延续着血脉呢？

2005年10月，中央电视台《历程》栏目摄制组和专家共同组成考察队进行历史调查和实地寻访，试图寻找楼兰后人的去向。

在罗布泊边的一个小村子里，考察队找到了当年为斯文赫定当向导的阿布都热依木的后人叶赫亚阿济，他至今还保留着当年斯文赫定手绘的两个向导的肖像复制品。通过他的叙述，人们能够感受到那个沙漠国度的神秘与苍凉。

《汉书》记载：鄯善国，本名楼兰。也就是说，楼兰国消失后，楼兰仍以鄯善这个名字继续存在着。鄯善国位于今天罗布泊的西南部，但在公元5世纪也毁于战火，迁居到鄯善一带的楼兰人再一次失去了踪影。

好在今天的吐鲁番地区有一片大约从公元4世纪延续到了8世纪的阿斯塔纳古墓群，从墓志和发掘出土的文书来看，墓主人基本上都是汉人，但其中有些则写着姓鄯的，这说明有的墓主人姓鄯。这就如同当时中亚的米国、石国、康国、安国等国的居民进入中原后，他们都以自己原来的国名作为家族的姓氏。这个墓地出土的鄯氏文书，说明曾经有鄯善国人来到这里繁衍生息。楼兰人的影踪似乎又有了线索。

曾经美丽得让人窒息的孔雀河是楼兰古国的生

当年发现楼兰遗址的两位向导肖像的复制品，左为奥尔德克，右为阿布都热依木

命之河，然而，今天的孔雀河已经干涸。当年在"不破楼兰终不还"的汉大军进逼之下，楼兰国已不复存在，加上生命之水日渐枯竭，楼兰人已经无法在故土继续生活下去。可以说楼兰子民走出了罗布洼地后，一定有人踏上了前往适于生存的吐鲁番盆地之路。

当年，从楼兰到吐鲁番有两条路，一条是从楼兰古国北面穿越库鲁克塔格山，即可到达。这条路途环境十分恶劣，但它路程比较短，沿途有3眼淡水泉可供人饮用，还有一些盐碱滩有水可供骆驼等牲畜饮用，人也可以带水；还有一条是沿着孔雀河走库尔勒，经过焉耆盆地到达吐鲁番，这条路沿途环境比较好，但距离较远。

楼兰人在这次迁徙行动中一定是扶老携幼，拖儿带女，那么，他们究竟是沿着哪条路线穿越无人地带，完成这次迁徙壮举的呢？

墨山国之路

在罗布洼地和吐鲁番盆地之间，曾经有一座营盘古城坐落在孔雀河北岸，它曾是一条神秘通道的起点，那条通道可以较快地穿越无人地带进入吐鲁番。可是，楼兰人走的是不是这条通道呢？

考察队决定沿孔雀河前行寻找营盘古城。由于对道路很不熟悉，沿途不得不边走边打听。一位维吾尔族老乡介绍，从这里到营盘大概有100多千米，这段路难走得要命。

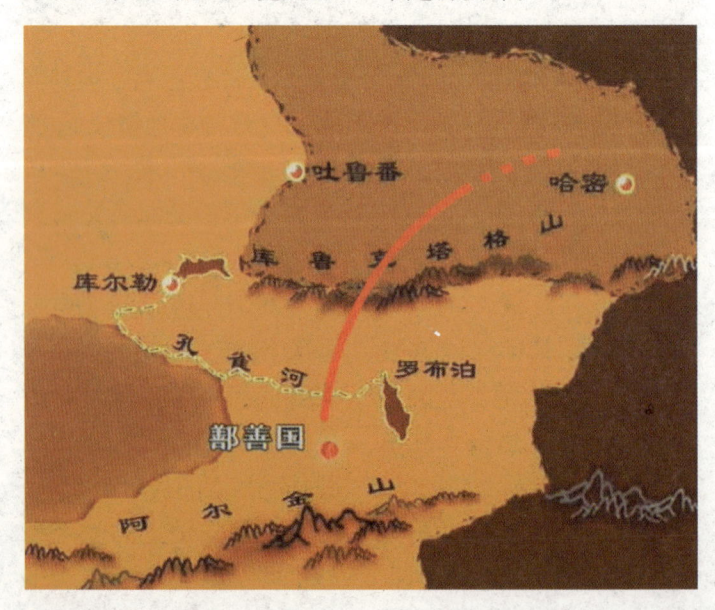

鄯善国在地图上的位置

古迹寻踪

墨山国遗址

前往营盘的道路的确非常难走，道路两侧都是一望无际的荒漠与戈壁。当考察队到达营盘古城时，意外发现这个城市遗址的形状竟然是圆形的。据文献记载，这个地区从汉代到魏晋时期存在着一个墨山国。今天有专家认为这个圆形古城就是当年墨山国的国都。但也有学者对此表示异议，认为它只是墨山国的一个重镇。不管结论如何，一个不可改变的事实是，名不见经传的墨山国，曾经把罗布洼地和吐鲁番盆地这两个地理单元间的民族紧密地联系起来。只是到了北朝以后，由于孔雀河改道，这里环境逐渐衰废，墨山国的影子才随之从汉文史料中消失了。今天，这条经过墨山国故城沟通罗布洼地和吐鲁番盆地的要道，被人们称为"墨山国之路"。

在营盘古城的北面有一片连绵不绝的山脉，名字叫库鲁克塔格山，从那里穿过库鲁克塔格山就能够直插到吐鲁番盆地。库鲁克塔格山山脉东西走向，几乎横亘在整个罗布泊地区的北岸，如同一道漫漫屏障，抵御着荒漠向南扩张。当年鄯善移民的一部分可能就是从这里穿越库鲁克塔格山到达吐鲁番盆地的。

车子驶入库鲁克塔格山，只见道路两旁大多怪石嶙峋，极度荒凉。如果当年楼兰人穿越这里，不知会遇到多少艰险。

快走出山谷时，不经意间发现前方有一片房屋，究竟是谁生活在这大漠之中呢？原来，最近几年在这片荒芜地带发现了储量丰富的诸多稀有矿产，因此，这里渐渐成为运输矿石的车

从考察车队穿越库鲁克塔格山的情况来看，当年楼兰人迁徙途中的艰难可想而知

辆歇脚维修的场所。为了生存，当年楼兰人离开了这里远去，同样为了生存，今天人们又从远处移民来到这里，使原本的无人地带有了些许的喧嚣，这是一个多么有趣的现象。在周围空气中飘散着麻辣香味的引导下，考察队在这里居然发现了一家川菜餐馆，餐馆老板热情地告诉大家这条路上现在都是一些拉矿石的人。从这里出去几十千米就到迪坎儿村，迪坎儿村是从戈壁沙漠里走出来后遇到的第一个村子，也是横穿库鲁克塔格山的出口。

离开这个山谷中的小店，车队又行驶大约50千米，穿越了库鲁克塔格山到达迪坎尔村。

迪坎尔村是吐鲁番盆地距离罗布泊最近的村庄，从这里再往北不远就进入吐鲁番盆地了。今天，迪坎儿村的居民全部是维吾尔族人。现在村里还有一位老乡经常为人做向导，仅去年他就通过这条墨山国之路四进四出罗布洼地。他说，去罗布泊的路上很危险，又路太多又很不好走，迷路了就会死在里面，因此他也害怕。可想而知当年发现楼兰遗址的两位向导也一定非常不容易。

无论如何，从距离上来说，墨山国之路是从罗布泊进入吐鲁番最近的一条道路，楼兰人没有理由放弃这样一条理想的通道。那么这些楼兰移民来到吐鲁番后又落脚在哪里呢？

鄯善人在高昌

公元5世纪，一个名叫沮渠安周的人在吐鲁番建立了北凉政权，政权的中心就在如今的高昌古城。那么，当年鄯善国的楼兰后人会不会就居住在这里呢？

专家推测：应当说会有一些特别有才能的人留在了这里，就像当年北魏从北凉掠走3万有才干的人到大同，今天的大同才留下那么多的佛教石窟。所以，沮渠安周也会把从鄯善国移民来的一些能工巧匠留在都城附近。今天，高昌古城遗址依然保留着一些宏大的佛寺建筑，据说唐代高僧玄奘曾在这里设坛讲经。楼兰人信仰佛教，在更名为鄯善国后依然保持着这个传统，因此，善于建造佛寺的鄯善人似乎会居住在高昌这个遍布佛教寺院的千年古城之中。然而，这种猜测目前还没有得到证实。

鄯善人在伊吾

不过，据记载，鄯善人

遍布佛教寺院的高昌古城遗址

来到吐鲁番之后,其中有一部分人继续向东迁徙,前往今天的哈密一带。今天,那里会不会有楼兰人可能留下的痕迹呢?

在哈密附近一个叫白杨沟的地方,有一片规模很大的佛教寺院群遗址。当年这里为什么会有这么多寺院?这些寺院又可能传达出怎样的信息呢?历史上这里是丝绸之路的要咽,居住在这里的人们信奉佛教。专家推测:公元5世纪初期,一部分鄯善国人来到这里居住,随着人口的增加,自然带来更大规模的修寺、开窟、造像等佛教活动,所以才有残存至今的丰富辉煌的佛教遗迹。不过,这种推测虽然有一定道理,但仍然没有史料的支持。

在距离佛寺遗址不远的一个村子里有一座纳职古城,来到哈密的那些鄯善人就生活在这里。据唐代《新唐书》、《旧唐书》和《元和郡县地理图志》记载,贞观四年,朝廷在这里设纳职县,有鄯善胡人也就是鄯善国的移民来到这里筑城定居。纳职不是伊吾地区的古地名,据法国学者伯西何研究认为,纳职可能是来自鄯善国的一个地名,叫弩支。唐光启元年(公元885年)成书的《沙洲伊州地质残卷》记载,唐代初年,有个土人名叫鄯伏陀,因为无法忍受东突厥控制之下的苛捐杂税,率领居住在城里的一部分人逃往沙漠。这个姓鄯的人应该是鄯善国移民的后代。公元6世纪后,鄯善人的名字再也没有在文献中出现。

至此似乎已经无法继续追寻来到哈密的鄯善人的下落。

纳职古城遗址

鄯善人在鄯善县

正当山穷水尽之时,考察队又意外得到这样一条线索:当年来到吐鲁番盆地的鄯善国移民还有一支生活在今天鄯善县一个叫"蒲昌"的地方。

当年,楼兰人曾把烟波浩渺的罗布泊称为"蒲昌海",那么在吐鲁番盆地中的这个"蒲昌城"和当年的"蒲昌海"有什么联系吗?

令我们感到惊奇的是,至今还有争议的蒲昌城遗址也坐落在吐鲁番地区的鄯善县境内。据当地文物工作者介绍,至今鄯善县境内还保留着手工制陶等一些非常古老的传统。专家曾试图从这种古老的制陶工艺和陶器的形状,发现与古楼兰时期陶器相联系的蛛丝马迹,但这种努力最终

沙漠俯视下的鄯善县城

并无结果。一种可能是那些来到这里居住的鄯善国人之所以把这个地方叫做"蒲昌",不过是以此寄托对故乡的怀念罢了。

那么,今天的"鄯善县"和当年的"鄯善国"会不会有什么关系呢?据史料记载,清光绪28年才将这里设为"鄯善县",也就是说,从时间上分析,"鄯善县"和当年的"鄯善国"之间也许并没有什么联系。

不过,如果仔细观察,就会发现这里和当年鄯善国的生存环境极其相似,两地都在大沙漠的边缘。鄯善县城也许是今天我国距离沙漠最近的一座城市了,库姆塔格沙漠零距离俯视着它,然而,千百年来这座城市不曾被沙漠吞噬。当这些楼兰后人来到鄯善和哈密一带定居,可能是出于对故乡的怀念,便世世代代保留着故乡的名字,似乎想以此证明那个曾经灿烂一时的楼兰古国并没有消失,它的生命依然在延续。

如今,有些专家还试图通过人种学和基因学的手段在吐鲁番境内寻找到楼兰人的后裔。然而,这是一项浩大漫长的工程,加上吐鲁番盆地人口流动频繁,各民族融会交流,经过千百年无数代人的血缘更替,要寻找到纯血统的楼兰人后裔,其可能性似乎极其微小。但我们依然相信,在这些熙来攘往的面孔中,或许会有楼兰人的后裔,也许他们依然延续着楼兰人的血脉。

在今天吐鲁番居民中,也许会有楼兰的后人

"魔鬼城"

这是一片浩瀚苍茫的戈壁，四处弥漫着恐怖神秘的气息，每当有人误入那片神秘地带，必会遭到不测，从来无人识得它的真面目，更不知道它曾经发生的故事。

"雅丹"惊现"魔鬼城"

在我国新疆维吾尔自治区哈密的沙尔湖地区，有一片令人恐惧的死亡戈壁。每当狂风呼啸激荡，黄沙遮天蔽日之时，便从大漠深处传来惊天动地、鬼哭狼嚎般凄厉的声音，令人毛骨悚然。更加令人恐怖的是，这片戈壁荒漠了无人迹，危险重重，神秘莫测。偶有牧羊人误入此中，大多命丧黄泉，尸骨难觅，极少有活着回来的。没有人知道那里究竟存在什么、发生了什么。每当提起这片死亡戈壁，人们无不惊恐难安。当地的蒙古族牧羊人称这片戈壁为"苏鲁木哈克"，意为"魔鬼居住的地方"；有意思的是哈萨克牧羊人也叫它"沙依坦克尔西"，意为"魔鬼的地方"。"魔鬼城"因此得名。

哈密的沙尔湖地区的"魔鬼城"分布在13间房南部到南湖乡西部已经消失的库如克果勒河床北侧、长120多千米、宽30千米的广大范围内。1986年6月，哈密地理学会刘志铭一行前往沙尔湖令人恐怖的"魔鬼城"考察。尽管他们备有一辆吉普车，并携带了地理定位仪器，但面对从未有人深入的"魔鬼城"，无疑仍是一次充满危险的旅程。谁也不知道等待他们的将会

神秘——是"魔鬼城"永远的主题

千奇百怪的雅丹地貌让人们对"魔鬼城"充满了无限想象

是什么。

汽车行驶在静得异常可怕的茫茫戈壁，极目所至全部是大小不一的卵石以及从四周袭来的滚滚热浪，没有一丝一毫的生命气息。就在他们冒着酷热深入到距离五堡乡20多千米的戈壁腹地后不久，突然出现在眼前的景象把大家的目光强烈地吸引住了：在阳光的映照下，一座座辉煌壮观的庞然大物拔地而起，好像一座城堡群突然从地底下浮现出来，令人感到十分意外和震撼。汽车渐行渐近，当他们置身于"魔鬼城"中时，才深切感受到它的恐怖：四周全被众多奇形怪状的土丘和陡立的土柱所包围，最高的土柱达10多米。再看脚下寸草不生，鸟虫全无，一片死寂，仿佛置身于毫无生命的外星球。可以想象，纵横交错的风蚀沟谷可以算是魔鬼城的街道，土柱、石墩就是一座座颓废了的楼房和城堡。在这阳光灿烂的六月天，再想象一下漆黑的夜晚和雷鸣电闪的雨天，真令人毛骨悚然、不寒而栗。

那么，一直以为完全平坦的这片戈壁荒漠，从何而来如此神奇壮观的特殊地貌呢？其实，这是干旱地区著名的"雅丹"地貌。维吾尔语称其为"雅尔当斯"，意思是"具有陡壁的土丘"，后经辗转翻译，便成为汉语"雅丹"一词。

到底是什么神奇的力量，把这片土地的形状变得如此千奇百怪呢？

杰作出自"风神"之手

哈密的沙尔湖地区"魔鬼城"中雅丹地貌的形成，主要靠两种自然力量：首先是北面天山和南面觉洛塔克山偶有的洪水冲蚀着哈密盆地平台，将这里原本就有的节理或裂隙冲刷得加宽扩大，分割成无数条小沟槽；然后强风的吹蚀将这些沟槽分割成孤岛状的平台小山，逐渐演变成为土柱、石墩，最终形成了雅丹地貌。在这两种自然力量中，起决定作用的是强风的吹蚀。

那么，这些强风又源于何方呢？专家们不约而同地把目光投向北面60千米外海拔4 000米的天山。地处高原的天山形成了一个冷高压区域，地势低洼的哈密戈壁则形成了一个低压区域，造成了两区域中很大的气压梯度。每到晚间，高低气压就进行大范围的对流，形成了强大的山

73 | 古迹寻踪

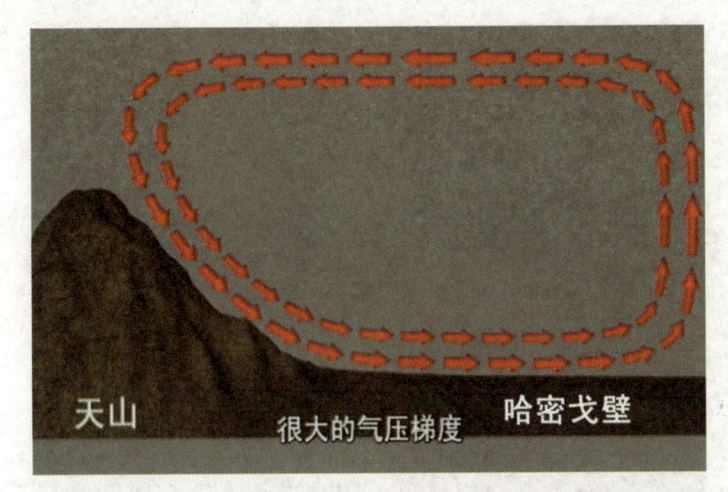

天山高压区与哈密戈壁低压区形成的气压梯度，使气流大范围对流并最终形成强大的山谷风

谷风。然而，这样的山谷风似乎还不具备制造这些雅丹地貌的足够力量。那么，这一地区的超强风力是不是另有来头呢？这不由得让人想起从"魔鬼城"西北部向东延伸开来的新疆吾尔自治区著名的"百里风区"。

原来，强大的西北气流来到这里，被天山挡住了去路，只能在天山的峡谷中蜿蜒盘旋，越积越多，憋闷许久。最后犹如决堤的洪水经由七角井山口呼啸而出，冲向广阔平坦的戈壁，顿时形成"狭管"效应。接着通过七角井南面17千米处13间房一带的几条深沟大槽时，第二次形成"狭管"效应，构成新疆吾尔自治区风速最大的"百里风区"。"百里风区"每年刮8级以上的大风就有100天以上，瞬间风力能达到17级，据说曾经刮翻过列车。地处"百里风区"的"魔鬼城"，自然受到格外的"关照"。

然而，这还不是唯一的大风源。东南风对"魔鬼城"的吹蚀作用同样是非常强烈的。在这些强风长年累月共同吹蚀下，自然造就出

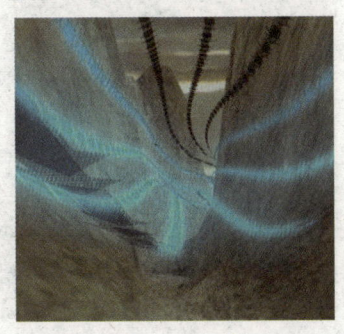

"狭管"效应风口示意图

了这种气势壮观、千奇百怪的雅丹地貌。

罕见的生命遗迹

呈现在考察组面前的"魔鬼城"死一般的寂静，似乎这里从来都是死神的领地，不曾存在过生命。

然而，经过仔细观察，专家们发现这里的雅丹土丘不仅土质与戈壁的沙砾土壤截然不同，而且剖面无一例外地拥有非常清晰的层理结构，不同层理间的土质也有所区别，显然它与戈壁荒漠的环境有着极大的反差。那么，这种差异在暗示着一种怎样的信息呢？

原来，比较细腻的部分属于静水沉积层，从下往上颗粒逐渐变粗的砂岩，反映了洪水的沉积相。这样一层一层地沉积，最终形成了今天所看到的很典型的沉积地貌。这一大面积水域的遗迹，可以说明"魔鬼城"并不是一座天生的死亡之城。

这一天，考察组突然发现，在"魔鬼城"的一片雅丹区域的地面上，散布着为数不少的鸟骨化石。经鉴定，这些鸟骨化石可能是生

"魔鬼城"中典型的沉积相地质说明远古时期这里曾是一片汪洋

活在侏罗纪时期的始祖鸟。侏罗纪时期在哈密的戈壁荒漠竟然有大量的始祖鸟生存，很显然，按照这样一个令人震惊的情况推断，那时的"魔鬼城"决非眼前荒漠冰冷死寂的样子，其中隐藏的秘密也许远远超越人们的想象力。

除发现鸟类化石，还发现许多其他动物化石。有些动物骨骼化石非常粗大，比如一块脊椎骨化石大约30厘米粗。这还是表露在地面的部分，埋在地下的部分到底有多少，目前还不得而知。但有专家推测，当年这些动物可能是到这里喝水，不幸陷落在泥沼中不能自拔而死亡，久而久之形成了化石。

目前在"魔鬼城"内已经发现数十处大型动物化石露出点，也许还有更多的动物化石仍然深埋于地下。

但这已经足够证明，"魔鬼城"当年曾经是一个生机勃勃的世界。

此后，人们又在"魔鬼城"的南湖地区，发现了一种奇怪的石头，有些暴露在地表，更多的是静静地埋藏于地下。它们的奇怪之处就在于外观跟树干一样逼真。经专家鉴定，这种石头叫做硅化木，距今已有1.2亿～1.4亿年的历史，属于侏罗纪时期的遗存物。

大量硅化木的发现说明"魔鬼城"曾经拥有大片茂密的森林，后来由于地质的变迁，它们被埋入地下，经过硅元素侵入置换而形成了硅化木，也就是说它属于树木硅化后的化石。

"魔鬼城"中像这样的动物化石很多

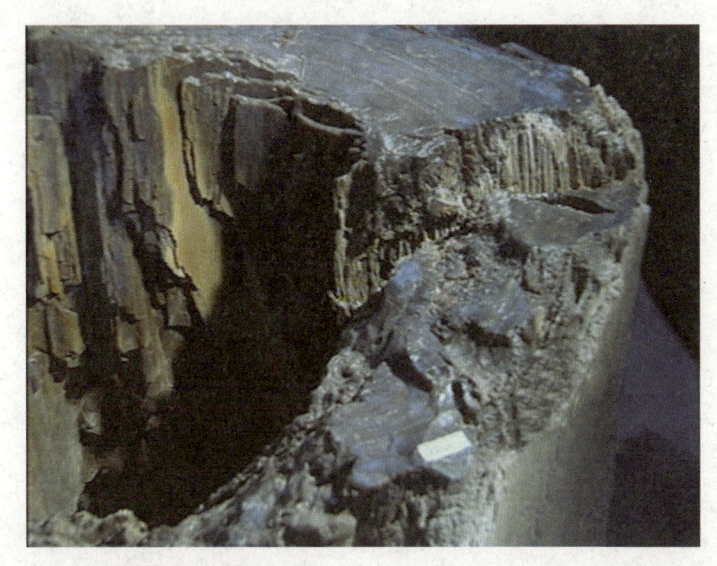

硅化木的原树木的年轮仍然清晰可辨

由此联想到环绕在"魔鬼城"周边的3座大型煤矿也说明了这一点，因为煤是树木碳化后的化石。毫无疑问，侏罗纪时期的魔鬼城是一个充满勃勃生命气息的世界。

通过以上发现，似乎可以断定，在古地理中的"魔鬼城"是一个森林环绕的内陆湖。然而，一个意外的发现似乎又把这个结论给推翻了。

有一天，考察组在南湖戈壁发现一片像水的反射一样发亮的区域，原来这是几座毫不起眼的石灰岩山。当考察队员将随身所带的饮用水泼向这些表面呈孔状的石壁时，意想不到的奇迹发生了——石壁表面立刻清晰地显现出许多像野蜂的蜂房一样的图案，而且中心还有放射纹。几乎可以肯定，这些带图案的石块就是蜂房状的珊瑚化石。

珊瑚的生活环境应该是在水深不超过200米、水温在18摄氏度以上的热带浅海域中，可是在温带戈壁中的"魔鬼城"里，为什么会有珊瑚化石呢？难道这其中还有什么不为人知的内情吗？

解读"沧海桑田"

如果"魔鬼城"中这些千奇百怪的雅丹土丘是水域中的泥沙沉积，那么，这里曾经是怎样广阔的一片水域，又是在何时由于何种原因而消失的呢？

专家们把"魔鬼城"地质变迁的时间，上溯到2.5亿~2.2亿年前的二叠纪。那时，新疆是一片汪洋大海。到了三叠纪末期，在

在这里发现的珊瑚化石又为这里沧海桑田的地质变化增添了新的证据

一次比较强烈的地质构造运动中，造成天山、觉洛塔克山、昆仑山地势的一次抬升。哈密盆地也因此相对抬升，但由于抬升幅度不大，它仍然属于盆地，这时海水基本上已退出，形成了一个大型的内陆湖。在大约距今1.4亿~1.2亿年的侏罗纪时期，哈密盆地的气候非常湿润，开始出现了大型的植物和动物。

到了4500万年前的三叠纪，爆发了喜马拉雅构造运动，天山、昆仑山、青藏高原被强烈抬升到很高的程度，从而隔绝了来自印度洋的暖湿气流，使哈密盆地泥沙沉积，动植物已经不再茂盛。

到了距今二三百万年的四叠纪，不曾预期的又一次巨变发生了，整个气候变得寒冷，形成了冰川期。冰川期的天山、昆仑山所覆盖的冰川基本达到山麓地带。后来到了减冰期，冰川消融形成洪水，把泥沙搬运到现在的"魔鬼城"范围内。此时哈密盆地已经变得异常干旱，湖盆渐渐干涸。

在2亿多年的地质变迁中，哈密盆地经历了由海盆到湖盆，又从湖盆到陆盆的沧桑巨变。

到了大约80万年前，雅丹地貌开始发育，历经风沙雕琢，哈密"魔鬼城"的雅丹地貌呈现出了独特的个性，囊括了雅丹地貌的不同发展形态：沟槽是雅丹发育的初级阶段；上小下大造型各异的是雅丹的中年阶段，也是目前魔鬼城的主体部分；上大下小的蘑菇状土丘是雅丹典型的衰亡阶段，接下来它的特征行将消失，成为一片戈壁。在可预见的未来，雅丹的变化过程仍具备以上的规律性。

今天，原有的雅丹地貌逐渐消亡，新的雅丹地貌还在孕育中，于是又开始了周而复始的过程，令人恐怖的"魔鬼城"仍然继续书写着新的秘密，刘志铭等专家对"魔鬼城"的考察也将继续进行。

蘑菇形的土柱是雅丹地质晚期的特征

"魔鬼城"的主人

在我国新疆维吾尔自治区哈密的沙尔湖地区,有一片被称为"魔鬼城"的令人恐惧的死亡戈壁。诡异神秘的"魔鬼城"曾是一个充满鲜活生命的世界,众多的动植物在这茫茫戈壁上留下了生命的印记,那么,人类会不会也曾经涉足那里?如果答案是肯定的,那又会是怎样的一段历史呢?

"破城子"与自然天成的雅丹城堡的确不同,仅从外表来看人为的痕迹十分明显

1986年,专家们在一次极为普通的考察活动中,竟然在哈密的茫茫戈壁中发现了规模浩大的雅丹地貌群。随着对一个个来自远古信息的解读,专家们破译了"魔鬼城"沧海桑田的地质变迁。然而,死寂的戈壁背后仍然隐藏着太多的秘密,惊天发现又将解密那里一段尘封的历史。

艾斯克霞尔城堡悬疑

1988年的一天,哈密文物局的专家在"魔鬼城"考察,令人意外地发现了一座奇怪的城堡,当地维吾尔族居民称之为"艾斯克霞尔",意思是"破城子"。

与"魔鬼城"中那些仿佛一座座城堡的高大壮观的雅丹土丘不同,这座"破城子"并非天然形成,而是人工修建。整座城堡在风蚀基础层上用土坯一层层地垒建而成,与原来的地势浑然一体。墙体上有几个人工孔洞,似乎是用于防御的望瞭孔。门洞的横梁是用胡杨木制做的,建筑城堡的一些土坯上似乎留下了人的手指抹过的痕迹,这些都引起了专家们极大的兴趣。

经过测量,这座城堡坐北朝南,东西长50米,南北宽10余米,残高6~7米,为土木结构,建筑风格类似欧洲的城堡。城堡分为上下两层,在墙基下是残存的两三间土坯房屋的遗迹。此外,在城堡里还发现了柴草堆和用火的痕迹,在城堡后面,可以见到散落于地面的一些碎陶片、石器和土坯,不远处则是一大片厚厚的堆积物,经过仔细辨认,这些堆积物是羊的粪便。显然,这些都是人类生活的遗迹。

令人不可思议的是,与这里最近的一个绿洲直线距离至少在20千米以上,举目四望,在这里根本看不见水源,只能看见零星的低矮耐旱植物。在没有水源、风沙肆虐、环境极为恶劣的大漠深处,很难想象人类

历经风雨侵蚀，艾斯克霞尔城堡依然可以看出当年的雄姿

能够在这里生存。但是，这个城堡由人工筑造却是无法否定的事实。

那么，究竟是什么人在这里修建了这个城堡？他们的目的又是为了什么呢？

艾斯克霞尔墓地现世

专家们苦苦寻觅，可是一时难以得出一个满意的答案。正当近于绝望之时，在艾斯克霞尔城堡东面约200米的地方，发现了一片不同寻常的沙梁。这片沙梁是个马鞍形，在它的周围散布着一些雅丹土丘。在阵阵狂风席卷之下，隐隐约约露出了埋在沙梁下面的一些胡杨木。在这个寸草不生的地方，怎么会有胡杨木出现呢？经过仔细观察，发现这些胡杨木似乎有人工砍削的痕迹，随后又发现了一些被大风从木头底下卷露出来的毛织品的残片和彩陶的碎片。经过进一步探察，专家们终于有了惊人的发现。原来，这片沙梁竟然是一片被流沙掩埋的墓地。

1999年11月，新疆吾尔自治区文物考古研究所和哈密地区文管所联合对这片墓地展开抢救性挖掘。在长100米、宽50米的范围内总共挖掘清理出32座墓葬。可是，由于大部分墓地曾经遭到人为的严重破坏，保存完整的只有5座。好在这些墓葬的主人遗体全部变成了干尸，而且保存异常完好。

墓葬的形制以竖穴土坑墓为主，也有竖穴土坯二层台墓，上面都有胡杨木盖顶，有的还搭盖胡杨枝条，地表基本上没有封土。墓主人一般是单人葬和侧身屈肢葬。

专家们将艾斯克霞尔墓地与数十千米外的五堡和焉不拉克两座大型青铜器时代墓地进行比较，发现艾斯克霞尔墓地与距今3 000年左右的五堡墓葬一样，出土的文物中只有青铜器而没有铁器。另外，这里出土的陶罐，其形制和质地与焉不拉克墓地出土的陶罐完全一致。焉不拉克出土的陶罐经碳14测定其年代为3 000年前左右，因此，这个墓地应该与焉不拉克墓地是同一个时期的。另外，哈密以西的四堡、五堡一带出土的早期墓葬都有与艾斯克霞尔墓地相似

艾斯克霞尔墓地在地图上的位置

留有手指抹痕、手掌印痕的土坯

的土坯，通过碳14测定，这些土坯的年代在3 000年左右，土坯的形制也很大，上面也有人手刻印的手掌纹、手戳纹以及其他的一些纹饰。

根据以上的研究可以断定，艾斯克霞尔墓葬无疑属于青铜器时代。

墓地干尸是什么人种

确定了艾斯克霞尔墓地的年代，专家们又开始对墓地的主人进行研究。专家们对这些保存完好的干尸研究时注意到一个不容忽视的细节：这些干尸残存的头发竟然是金黄色的。

显然，这些墓葬主人极有可能是不同于黄色人种的其他人种。有些专家推测，和五堡墓葬的主人一样，这里的墓葬主人同属于欧罗巴人种，也就是高加索人种。不过，也有专家认为，尽管这些墓葬干尸的头发是金黄色的，但眉基和颧骨却很低，似乎又和欧罗巴人种有一定的区别。所以，很难认定他们到底是纯血的蒙古人种，还是纯血的高加索人种。大多数专家认为，实际上，这些墓葬的主人可能是高加索人种和蒙古人种的相互融合。

一般来说，根据出土的随葬品可以判断当时的经济状况，艾斯克霞尔所在地区的经济状况究竟是个什么样子呢？

墓葬的干尸都包裹着厚厚的皮衣，头下枕着毛毡，身上穿着毛布袍和长裤子，脚穿皮靴。随葬品有毛织品、皮制品、铜器、陶器、木器、骨器、石器等。这些毛纺制品织造平滑，纹路均匀，颜色十分鲜艳。干尸头上戴的帽子和头饰非常精致。显然，当时他们是以畜牧业为主，因为这种生产方式为生活提供了生产皮革制品和毛纺制品所需要的充足的原料。尽管现在仍然无法获知逝去的那个遥远的年代更多的细节，但似乎可以断定，当时的艾斯克

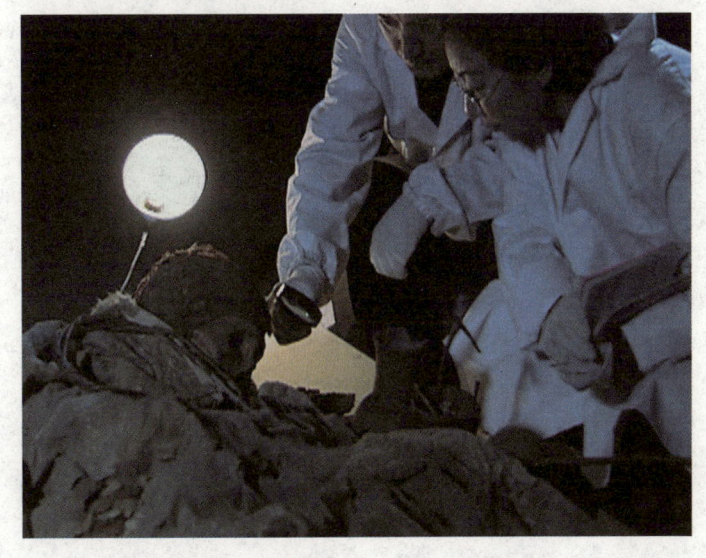

对干尸研究结果表明，墓葬主人可能是由多种血统融合而成的人种

霞尔人的毛纺工艺是超乎今天我们的想象的。

出土的精美的毛纺织品、陶器等生活用品

令人意外的是，在墓葬品中还发现了少量的粟谷类面饼，说明也许那时候这里的人们已经有了小面积的原始耐旱农业。可以想象当时这里可能还是一片绿洲，而且应该有提供灌溉小面积农作物的一条河流。实际上，距离这片墓地2千米之外，确实有一条已经干枯的河道，这条河道恰恰就是现在的白杨河的下游。今天，白杨河的中上游仍然有很多水，这是当地的人们生产、生活的主要水源。可以想象，当年的艾斯克霞尔人，也一定会把就近的这条河流作为他们重要的水源之一。

在保存最为完整的一号墓葬中，随葬的一个小木桶深深地吸引了专家，这个独一无二的小木桶，似乎说明了这个墓葬主人的身份与众不同。那么，他会是一个什么样的人呢？

小木桶里装有一些像是劳动工具的物件，在一个碗状的石器里，一把小木勺黏着少量像是干结的胶液，其余的是一些皮革碎片。随葬品中还发现了大量的皮革加工工具，比如骨针、骨锥和木篦等，而木篦可能是用来梳理皮毛的。同时，专家们还在随葬的一只陶罐的口沿处发现了与石碗中一样的胶质物。一般来说，随葬品都是墓主人生前所用之物，这可以说明墓葬主人可能是一个从事加工皮革的"手艺人"，或许还是一个兼修理生活用具的工匠呢？

可以证明主人身份的装有各种工具的小木桶

"魔鬼城"的主人是谁

艾斯克霞尔城堡与艾斯克霞尔墓地之间可能存在着一种必然的联系，那么，艾斯克霞尔墓地的主人会不会就是艾斯克霞尔城堡的主人呢？

根据一般的习俗，活着的人都会把墓地选择在靠近居住的营地附近，不会把祖先埋葬在远离自己生活的地方。所以，发现墓葬的地方，附近一定会有活人的生活遗迹或者活动遗迹。

令人兴奋的是，墓葬的土坯为墓地和城堡的对比研究提供了极好的资料。这些土坯相当厚重，而且上面都留有人手刻印的痕迹，这与艾斯克霞尔城堡的土坯有着惊人的一致。因此，可以说艾斯克霞尔人就是生活在"魔鬼城"的最早的主人。

专家推测，那时候，城堡处于一片小绿洲之中，白杨河水从附近潺潺流过，周围绿草如茵，牛羊成群，偶尔还有一小片种植的农作物，艾斯克霞尔人过着自给自足的悠然生活。

然而，艾斯克霞尔人在此之后的文化遗存中却消

古迹寻踪

想象中的艾斯克霞尔人,可能是这样赶着羊群过着悠然的牧歌式生活

失得无影无踪。是什么原因使他们放弃了这个城堡,最终选择了离去呢?

专家认为,这首先应该和生命之水有着最直接的关系。因为随着气候的变化和地质的巨大变迁,造成了这里气候干旱缺雨,最终河水断流,绿洲荒芜,赖以生存的牧业和原始农业的条件彻底丧失了,艾斯克霞尔人只能无奈地选择放弃,迁移至较远的可以生存的地方。

不过,人们放弃这个城堡可能还有另外的原因。因为用来建筑城堡的土坯由下至上分成几个部分,每一部分大小不一,风格迥异。在城堡的最上面部分的土坯明显变小,人为的因素也最为明显,这说明城堡可能经过了多次营造,多次使用,存在着一个使用、废弃,后来又使用、又废弃的历史。

据记载,在汉代,哈密已经纳入中央政府的管辖。

艾斯克霞尔城堡所处的地理位置,说明它之所以遭到废弃可能是由于丝绸之路中道的衰落等多种原因造成的

作为"西域襟喉",哈密是绿洲丝绸之路的要冲。丝绸之路进入哈密后,分为南、中、北三条道路,从地理位置上看,艾斯克霞尔城堡处于北道和中道之间,有着不可忽视的战略意义,城堡可能曾经被用于军事目的。

从艾斯克霞尔往东,有一条路可直接到达哈密最南部的大南湖,往西可直接抵达鄯善,就是偏离现在的兰新公路南边的一条古道。往北可以顺着白杨河到达其他地方,所以这里是一个交汇点。然而,可能由于自然环境的持续恶化,以及经由哈密绿洲的丝绸之路中道的衰落,城堡就失去了战略价值,废弃便成为它不可避免的最终命运。

无论如何,艾斯克霞尔城堡已经废弃,艾斯克霞尔人也不知去向,只有神奇壮观的"魔鬼城"依然静穆在茫茫戈壁荒漠之中。然而,又有谁能够断定,"魔鬼城"的秘密就此终结了呢?

"碗礁"之谜

渔民们捕鱼时，无意间渔网常常勾带上来一些大大小小的瓷器；

几十艘渔船左盘右旋，来来往往，场面混乱得如同一场100多年前的海战。

在那片难测的海底，究竟潜藏着怎样的秘密呢？

"碗礁"海域

一条神秘的手机短信引出一个惊天大发现

仲夏的南方，烈日炎炎似火烧。2006年的一天，福建省考古研究所所长栗建安接到一条手机短信：在平潭县海域的水下可能存在罕见的文物。

原来，在福建省平潭县屿头岛海域，有一座被当地渔民称之为"碗礁"的礁石。当地渔民捕鱼时，渔网常常勾带上来一些大大小小的瓷碗。本来，人们对此已经习以为常，因为这样的事情祖祖辈辈以来都出现过，从来没有谁在意它。可是，不久前发生的事情彻底打破了"碗礁"的平静。2005年夏日的一天，一位林姓渔民在"碗礁"附近海域捕鱼时捞上来几件古瓷器。这一次他却没有像祖辈那样把这些破碗旧盘扔回海里，而是穿戴潜水装备下海查看，从而引发了一场罕见的民间捞宝热潮。

栗建安立即要求福州市考古队队长林果介入调查，当林果看到渔民从"碗礁"海底捞上来的青花瓷器时，不禁惊呼起来："这可是惊天大发现啊！"7月1日，林果迅速率领一支水下考古小分队赶到了屿头岛。

一到那里，他们立刻被眼前的景象震惊了，只见西码头上挤靠着七八条船，每条船上都有潜水设备。出海不远,就听到从远处传来阵阵马达的轰鸣声,看见海面上飘动着浓浓的黑烟。在"碗礁"水域,20多艘渔船左盘右旋,来来往往,场面混乱得如同一场100多年前的海战。屿头岛出现了"全民捞宝"的现象,其他捞宝人员更是从全国其他地方赶来的,甚至有的来自专业打捞公司,各地的文物贩子也闻风云集到了这里。幸运的是,盗抢行为很快被依法制止了,但文物已经受到极为严重的损失。

梅花瓶

第一次下水调查,就确认了这里有一艘古代沉船。这个惊天发现使水下考古队员们激动得想笑又想哭,有的考古队队员兴奋得忍不住把咬嘴(呼吸器)取下来喊了两声。

按照水下考古惯例,发现的这艘古代沉船,被定名为"碗礁一号"。国家文物局很快决定对"碗礁一号"沉船遗址进行抢救性发掘。

一般来说,我国水下考古的黄金季节是每年的3～6月份,本来,应该等到明年初夏海水转回清澈时再发掘的,但眼前发生的大规模盗捞,使发掘工作一分一秒也不能等下去了。7月10日,中国考古队正式对"碗礁一号"沉船遗址进行发掘。

水下考古发掘有许多无法预知的危险,因此,要预先做好充分的准备。2002年发掘广东省阳江海域的"南海一号"宋代商船,整整准备了10年。随后发掘的"辽宁绥中三道岗"沉船遗址,事前进行了6次试验性发掘。然而,"碗礁一号"沉船的发掘工作,不得不在毫无准备的情况下开始,又在艰难的情况下展开。

最初几天,考古队员们在沉船上方布置好用于标明方位的基线,用不锈钢管或绳索设置20厘米×20厘米的"探方",即用于考古发掘的"单元格",做好水下辨认的浮标,然后按照

水下考古队员们克服无法想象的困难,与盗捞者和台风抢时间,紧张地进行考察

安全规则下水探查。

"碗礁"海域平均水深16米,由于船体和文物的一部分埋在淤泥之中,必须用气泵高压水枪冲开海泥。在南方夏季的天气、潮汐和水流的影响下,水下考古队员们可以用于下水作业的时间微乎其微。不仅如此,发掘工作仅仅进行了10天,情况就急转直下。"海棠"台风突然来临,使发掘工作不得不停止下来。"海棠"台风对发掘工作的破坏远远不止这些,台风过后,当考古队员们再次下水时,发现沉船遗址又遭到了新的人为的破坏:沉船的隔舱板被掀开,考古队设置的基线被扯乱,水底还留下盗捞者用来系浮标的石块和渔民用的耙子。盗捞者竟然趁台风下海,给文物造成了新的破坏,令人痛心疾首。面对盗捞者的猖獗

活动，考古队不得不加紧进行工作。在后来为期100多天的发掘过程中，"碗礁"附近海域共遭遇5次台风袭击，发掘工作因此时断时续，盗捞也时有发生。

每次台风过后，水下能见度急遽下降，维持在10~20厘米，最低时几乎为零。考古队员们克服重重困难，在一片混沌之中盲人摸象似地依靠双手触摸来判断文物的方位、形状和比例，出水后再凭记忆画下"探方图"。直到9月20日以后，能见度有所恢复，工作才得以比较顺利地进行。

抱了一个"金娃娃"

经过测量，"碗礁一号"沉船残长14.5米，残宽3米，残高1米，甲板以上和头尾部分缺失。根据龙骨的大小推断，沉船的长度在20米左右，以300多年前的我国造船水准衡量，属于近海航行的中型运输船。20世纪80年代，国外的考古人员就发现了许多装载着明、清时期的青花瓷的沉船，获得了巨大的商业利益和极为珍贵的科研资料，唯独我国从未发现过。这次"碗礁一号"的发现，无疑填补了我国的这一空白。难怪国家文物局领导高兴地说：我们抱了一个"金娃娃"。

那么，究竟是什么原因导致当年"碗礁一号"沉没呢？专家发现，这片海域在古代和今天的航线并没有太大的变化。在"碗礁"不远的海面上，仍能看到往来的船只络绎不绝。每当退潮时，露出许多暗礁，"碗礁一号"最大的可能是遇到风暴后偏离航线触礁沉没的。

随着瓷器被陆续打捞出水，鉴定工作也依次展开，到发掘工作阶段性结束时，包括从盗捞者收缴回来的文物，"碗礁一号"沉船遗址共出水16 000件瓷器整器和碎片主体。均产自景德镇，胎质、釉色以及装饰

在恶劣的水文环境下，考古队员小心翼翼地将沉船中的青花瓷器打捞出水

十分精美。青花瓷器初现于唐代，到清康熙年间，景德镇青花瓷器达到炉火纯青的地步，是中国制瓷工艺高峰的代表。经鉴定，这些青花瓷器产于清康熙中期，属于青花瓷发展鼎盛时期的产品。

那么，这些精美的青花瓷器，是出自官窑还是民窑呢？专家认为，目前，我国还极少在古代沉船里发现官窑瓷器。这些瓷器无官窑款识，显然是出自民窑。

清康熙年间，由于官窑生产能力不足，为完成宫廷下达的烧制任务，景德镇已出现"官搭民烧"的官窑生产制度，即由宫廷下达"样单"，选择优秀的民窑搭烧，并派官员监督，这无疑促进了民窑工艺的发展和成熟。这个时期的民窑精品，除不能题写皇帝专用的年款外，其质量与官窑瓷器不相上下。而且，民窑瓷器在装饰图案上更加活泼多样，更具时代特点。这些瓷器造型别致，色泽优雅，胎质匀实，胎釉精美，堪称民窑中的上品。

打捞出水的瓷器大致可以分为两大类，一类是日

常生活用瓷，另一类是观赏陈列用瓷。

这些精美的瓷器各具特色，最罕见的是一种葫芦瓶，它的制作工艺非常独特，下部是酱釉，中部是哥釉，上部才是青花釉，极为珍贵。

"将军罐"当属从"碗礁一号"沉船遗址打捞出来的最大型的瓷器

最大型的器物是一只康熙年间颇为流行的"将军罐"。将军罐因罐盖像古代将军的头盔而得名。上图这只将军罐高60厘米，罐体绘有装满鲜花的花篮，并有一个"福"字，按照中国瓷器的寓意命名，为"万花献瑞"款式。最小的器物是一种精致的小瓷瓶，专家一时难以判断它们是干什么用的。另一件腰腹圆鼓、口大外撇的瓷器叫凤尾瓶，这件瓷器无论胎质、釉色都精美绝伦，是十分名贵的作品。

这批货物是内销还是外销

这船货物到底属于内销还是出口外销，它将运往何处呢？专家介绍，中国古代外销瓷，从内涵上一般分成三类，一类是中国传统样式的瓷器，一类是根据国外市场热销样式仿制的瓷器；还有一类是按照来样定制的瓷器。"碗礁一号"沉船上绝大部分是中国传统样式的瓷器，实际上在明、清时期，大量外销的还是中国传统样式的瓷器。

专家惊奇地发现，在这些瓷器中有许多花觚、

咖啡具

咖啡具和高脚杯，尽管器体上是中国的传统纹饰，但又按照欧洲的习惯加有盖子，表露出了鲜明的异国情调。

有一批薄胎、花口的瓷盘，上面绘画的图案不是我国常见的花卉植物，而是地中海沿岸的一种花卉。当时，这种花卉在中东和西方被人们看做是天堂的幸福之花，无疑这是一批由外国商人来样定做的瓷器。

还有一类瓷盘虽然是中国传统文化的纹饰，但它有一个特别的外国名字叫"克拉克"瓷。据专家介绍，"克拉克"瓷的特征是在器体画上一朵花瓣，在花

瓣里面又画上各种纹样，就像开着一扇窗户，从窗子可以看见外面的景致，所以人们又把它叫做"开光"瓷器。在16世纪后期，这类瓷器第一次传到欧洲，在一次拍卖会上，由于人们不知道它叫什么名字，就把当时葡萄牙人运载这批瓷器的船名"克拉克"号作为名字，从此，"克拉克"瓷就被叫开了。精美的"克拉克"瓷器受到欧洲贵族的特别喜爱，大量向中国订购，出现了"官民竞市"的局面。

当时，中国的日用瓷受到欧洲市场的普遍欢迎，销量十分巨大，陈列瓷成为欧洲上流社会地位和财富的象征。另外，青花瓷风靡欧洲的另一个重要原因，是它所承载的东方文化艺术令欧洲人十分着迷。显然，"碗礁一号"上的货物买主在欧洲市场。

更为有趣的是，专家还发现一件与众不同的器物，它既不是青花瓷，也不像是船上的生活用品，而是仿宋代哥窑瓷器。哥窑为宋代五大名窑之一，这件仿制品为何出现在这批外销瓷中呢？

美国艺术史学者房龙在他的书中有过这样的描述：当时欧洲人热衷收藏来自中国的古董瓷器，但却分辨不清真品和赝品。这使得某些中国商人看到了赚钱的机会，于是各种仿制品充斥了当时的欧洲市场。看来，这件仿宋哥窑瓷器，很可能是当年捎带出口的假古董。尽管如此，今天它仍不失为一件难得的珍品。

釉色纯蓝鲜艳的清康熙青花瓷，被西方誉为"中国瓷器的蓝宝石"

不过，专家推测，严格来说，"碗礁一号"可能属于转口贸易：一种可能是它从景德镇出发，沿水路至长江出海，前往中转站厦门、泉州或广州，也可能是欧洲人在远东的贸易中转基地菲律宾的马尼拉和印尼的巴达维亚；另一种可能是它的目的地为澎湖列岛，按照有关史料估算，当时也许正有一艘西班牙商船在那里等待着它的到来；还有一种可能，即沉船是一艘中距离的远洋船，或许是把瓷器运抵越南等东南亚地区，给准备前往欧洲的大船送货。依据是曾在越南海域发现类似的中国古代沉船。此外，"碗礁一号"与"海上丝绸之路"是否有某种关联呢？过去，中欧贸易线路的起点往往被认为是广州和泉州，如果能够确定这艘沉船是远洋船还是转运船，福州则有可能是"海上丝绸之路"的起点之一。不过，以上的推测还没有找到足够的证据。

尽管"碗礁一号"还留下众多待解之谜，但无论如何，这些来自海底的丰富信息，为各种科学研究提供了宝贵的资料，为中华文明宝库增添了一笔精彩的历史遗产。

殷墟宝藏

19世纪末，河南安阳西北小屯村的农民，把在农田中翻掘出来的龟甲和牛肩胛骨作为"龙骨"出售给中药铺，把被尘封在地下3 000多年的王朝惊醒。此后在小屯村近80年的考古发现，陆续向人们展示了瑰丽的宝藏和宝藏后面传奇的故事。

在这张卫星绘测的图纸上，一条弯曲河流的上湾道是殷墟的王陵遗址——武官；下湾道是殷墟的宫殿宗庙遗址——小屯；陵寝为阴，宫殿为阳，巧妙地形成了一幅阴阳太极图

公元前1300年，在今天河南安阳的地面上出现了一支浩浩荡荡的迁徙队伍。这支队伍最后在太行山下洹河的怀抱中停留下来，在这里孕育了一个王朝——商，这个王朝的国王盘庚定国都于殷，就是今天的安阳。后来人们就把这里称为殷墟，意思是商朝国都殷的废墟。

殷墟遗址位于安阳市西面洹河冲积的平原上。2005年，国家投资1600万元在这片古老的土地上建造了殷墟博物馆。这座展示华夏历史文化瑰宝的艺术殿堂，通过发掘出的宝藏为人们讲述盘庚迁殷、武丁中兴、傅说拜相、武王伐纣等故事，生动地展现了3 000多年前殷商时期的历史场景，让人们感受到博大精深的殷商文化的内涵和神秘。

殷墟展示中华文明的进程

商代第20位国王盘庚在殷建都，此后200多年，商民们再也没有离开过这片土地，他们在这片广袤的土地上孕育了不朽的中华文明。

在殷墟一个叫孝民屯的村子里，发现了殷商子民的遗骨，考古学家为一位先民起名叫"子商"。据考证"子"是商民的一个大姓。

图组：博物馆通过这些复原的建筑和器物向我们勾勒出了商朝平民的生活

深埋地下3 000多年的文物向人们讲述曾经发生在这里的故事

在子商生活的地方，有用木头和茅草建造的类似北京四合院的房屋，和现代建筑不同的是，子商的房子以柱子为主要结构，四周用夯土建造墙体。房屋中有很多和我们现代生活中的用具很相似的生活器皿。

甲骨文是殷商文明最重要的内容

文字是文明传承的印记。甲骨文是世界4大古文字之一，其他3种文字，古印度文、古埃及文和古巴比伦文，都随着历史的推移已经从地球上消失了，唯有甲骨文经过3 000多年的发展，演变成今日的汉字，至今仍为13亿中国人所使用，显示出其独特的魅力和旺盛的生命力，震惊了世界。

100年间，殷墟共出土甲骨文15万片，共计150多万字。学者们统计，甲骨文共有单字4 500余字，可解读1 500多字，至今仍有3 000字含义不明。在殷墟博物馆展出的甲骨文保存得最好，刻写甲骨文的龟甲和兽骨保存完整的占60%以上，而且片都很大，有的尺寸能达到30~40厘米长，上面记载的内容丰富、详细。

在《诗经·商颂·玄鸟》中有："天命玄鸟，降而生商"的记录，说的是一个叫简狄的女子因为吞下玄鸟的卵而生下商的始祖契的传说，描述了商的起源。在殷墟出土的甲骨文中也多次发现在商朝最受敬重的一个先王的名字——高主王亥，在他名字的右上角刻着一只玄鸟图案。玄鸟是殷商民族的图腾标志，故殷人使用的器物上鸟纹随处可见。

甲骨文中记载着祭祀是商代人日常生活一个非常重要的组成部分。商民有浓厚的祖先崇拜文化，他们认为人死后也是有权利

图组：甲骨坑里数量巨大的甲骨文记载着殷商关于国家政治、思想、文化的丰富内容

玄鸟被视为殷人祖先

商王武丁之妻妇好墓中的随葬玉器

的。一个死去的人还会对活着的人有伤害，所以要祭祀祖先和已经死去的人。商民用杀人、杀俘虏、杀动物进行祭祀，求得祖先的庇护、保佑。

殷墟的王陵区和宫庙区有很多商王祭祀祖先的祭祀坑，集中、有规律地埋葬着人或者动物的遗骨。经鉴定被用于祭祀的人中大多数是青壮年，还有一部分女性和儿童，大部分都是被砍杀而死。1976年发掘清理的191座祭祀坑中，就发现1 178具人骨。商王为了表示对祖先的敬重之情，甚至一次祭祀就会杀掉上百个奴隶。

甲骨是一种占卜的器具。商民十分敬重自己的祖先与神灵，他们遇上所有的大小问题都要向祖先与神灵询问。占卜仪式庄严神秘，主持这种仪式的人叫贞人。贞人将商王所遇到的问题刻在龟甲上，然后丢进熊熊的大火中焚烧，直至龟甲被大火烧裂。

甲骨文是一种占卜记录，分很多不同的类，包括战争、田猎、祭祀等等。除此之外，他们也祭祀风、水、山、太阳、上帝，祭祀内容丰富。甲骨文中发现了"十"字，这个字在甲骨文里读作"甲"，甲字也常出现在商民甚至商王的名字中。

考古学家认为"十"字也许还有更深远的含义，可能与他们朦胧的世界观有联系，或许商朝人认为世界是方的，东南西北住着各类神，自己住在世界的中心。甲骨文展现给现在的人们关于商代灵魂观念的很多信息。

甲骨文以及它所记述的商王朝，还有太多的秘密不为人所知。

这种对祖先的至高崇拜是我们现代人难以理解的

青铜器占有浓重的笔墨

殷商时代的青铜器跟世界其他地方的青铜文化相比，其特点是更强调青铜容器，就是礼器。殷墟出土的各种青铜器，制作精美，纹饰细腻，是不可多得的艺术珍品。司母戊大方鼎重达800多千克，是世界上最重的青铜器，其冶炼技术高超纯熟，在当时的全世界范围内为最高水平，展示了我国商代高度发达的冶炼技术，现在是国家博物馆的镇馆之宝。

令人惊讶的是，3000多年前的商民就已经知道了青铜器的合金成分，工匠们通过铜、铅、锡的配比，铸造不同用途的青铜制品。青铜兵器自然是殷商王朝为了巩固和扩张国家的势力进行战争时的主要武器。商王打了胜仗，命令将敌人首领的头颅扔进铜具祭祀天神，祈祷自己的王国更加强大。人们在领略殷商青铜器制造技术高超的同时，也感受到当时战场上的血腥与残酷。

甲骨文中的"十"字

商朝人与神灵沟通的龟甲形状也呈现一个"十"字

巧合的是俯瞰殷商的王陵的墓室也正是一个个"十"字

残留在士兵头骨上的断戈，足以证明它的锐利

最具代表性的是"司母戊鼎"

古迹寻踪

这只铜具出土时还盛着被蒸煮的头颅

青铜器还是商朝王族权力、财富、地位的象征。在殷墟王陵遗址出土了很多成组的青铜器陪葬品，器具搭配方式和数量可以说明墓主人生前社会地位的高低。

青铜器的原料交易是殷商时期最大的贸易。根据地质学家考证，安阳并没有大量的铜矿以及锡、铅矿产资源。武丁时期，殷是一个国际化的都城，安定繁荣，与其附属国有很频繁的贸易往来。青铜器的原料有很多来源，主渠道是长江中下游地区。由于商民善于经商，后世将经商的人称为"商人"。

正是广泛极盛的对外交流，促使了商朝不断的强大，成就了历史上"武丁中兴"的盛世景象。

图组：富丽堂皇的青铜器具显示着主人的身份

殷墟是世界文化遗产

在《史记》中记载了殷商最后一个王朝的离奇和邪恶：这个国家有上千个附属国，宫殿中驯养着无数珍禽异兽；国中每夜都有舞会，为了款待贵族，宫廷内修筑了灌满美酒的池塘，在树上挂满用来烧烤的野兽的鲜肉；国王信奉鬼神，凡遇大事必要占卜求助于祖先，为了表示对祖先的感激之情，一次还会杀掉上百个奴隶祭祀……这正是商王朝富足鼎盛以及走向衰亡原因的真实写照。《封神演义》中就讲述了商纣王被周武王灭国的故事。

商民创造了辉煌的殷商文明，沧海桑田却将它深埋于地下，与我们相隔了3 000年之久。中国一代代的考古学家用他们毕生的精力向我们展示了一本厚厚的殷商王朝的历史，拉近了我们与商民之间的距离，让我们能真实地触摸商朝，认识商朝。

图组：1976年，从妇好墓出土的一些以新疆和田玉、辽宁岫玉为原料的配饰，都是繁盛贸易的痕迹

子商向着苍穹高喊:"我告诉你们!"

当人们走进殷墟博物馆,就会觉得商代很近,既看到了商代的繁荣,又会思考这么繁荣的一个朝代最后怎么就衰落了?殷墟博物馆帮助人们把过去和现在联系起来,思考当今社会的发展。

殷墟作为中国最早的有文献记载、并为甲骨文及考古发掘所证实的古代都城遗址,其重要的历史、科学、艺术和文化价值,蜚声中外而又影响深远,是人类文明史上不可或缺、辉煌壮美、璀璨绚丽的一页。殷墟在人类文明史上占有重要的地位。这座深埋地下的博物馆,已经在立陶宛首都维尔纽斯召开的联合国教科文组织第三十届世界遗产委员会会议上申报世界文化遗产获得成功。今后对殷墟的考古研究,会让我们更多地了解曾发生在这片土地上的故事。

古迹寻踪

劫后宝藏

一阵令人揪心的不祥爆炸声，
一次走过场捡漏似的考古发掘。
一座到处透着蹊跷的巨大古墓，
一批终见天日的——劫后宝藏。

王金鼎。相传其下面埋藏的古代宝藏，招致了盗墓贼的觊觎，以致于上面集中了或炸或挖的大量探洞

上蔡县是古代蔡国的都城所在地，至今仍然保存有高大的夯土城墙。因此在故城周围，极有可能埋着古蔡国的王族墓葬。在距蔡都故城不远的郭庄村，村民们不知从什么时候起，半夜里能听到巨大的爆炸声。第二天，村子周边就会出现一些像红薯窖似的直上直下深深的洞穴，尤其村东面一处叫"王金鼎"的地势最高的土岗上最多。这片土岗格外引人"垂青"的原因，就是相传在这片高岗的地下，埋葬着古代的一位王，王的墓中藏着他的金鼎……

疯狂的盗掘引起了河南省文物部门的关注，2005年5月，河南省文物考古研究所的专家马俊才带领考古队赶到郭庄。经过对土岗附近区域的初步钻探并对取上来的土样进行仔细分析，马俊才认定土岗下面应该是一处春秋战国时期的高等级墓葬。他曾经在这个地区发掘过不少同时期的墓葬，但见到如此庞大属王陵规格的墓葬还是第一次。遗憾的是，这里布满了盗墓贼留下的大小盗洞。这意味着考古队此行将是一桩费力不讨好、无功甚至无果的苦差事，因为被贪婪的盗墓贼光顾过的墓葬已被洗劫一空。所谓发掘，只不过是走走程序聊尽人事捡捡盗墓贼的漏儿罢了，考古学界几乎没有人愿意去发掘一座被盗墓贼屡次盗窃过的墓葬。

马俊才打算速战速决，赶在雨季到来之前结束这次几乎毫无希望的考古行动。

积沙大墓

一天，马俊才在与一些从附近村庄雇用的参加前期发掘工作的农民闲谈中，了解到一个令他颇感意外的情况：在这座古墓里面，埋的不是土，而是沙子。这条消息让马俊才感到困惑不解，在他长期的考古

探铲从墓中带上来的沙子，经比较与周边自然环境中的沙子截然不同。这说明墓中的沙子是有意人为

工作中，曾经挖掘过上万个古代墓葬，但是用沙子来埋葬墓穴的方式他还从未遇到过。于是，马俊才立即让考古队员再次进行了钻探。果然，探铲从下面带上来的是细沙，而且这种沙与古墓旁边河道中的沙子截然不同。

图组：此前唯一魏王室积沙墓图片资料及积沙墓沙、石结构摆置效果图

这种奇怪的现象令马俊才感到十分好奇，在查阅了大量考古资料后马俊才发现这种与众不同的埋葬方式叫做积沙墓，此前仅现一例，即在河南辉县发掘出

奋战月余，王室规格的积沙大墓终于被初步揭开了神秘的面纱

的战国时期魏国王室的墓葬。所谓积沙墓，是为了对付盗墓贼所采用的一种特殊的埋葬方式。人们用细沙填埋墓室，再在沙中埋上巨大的石块，由于细沙具有良好的流动性，加上石块的重量，很容易塌方把盗洞掩埋，甚至把盗墓贼砸死砸伤。因此，盗墓者无法通过挖掘地道的方式进入墓室盗窃。但是由于积石积沙墓建造起来工程浩大，如果不是掌握巨大权力和

财富的人，是无法拥有这种墓葬的。如果郭庄古墓真的是一座积沙墓的话，那么它的主人生前一定拥有非同一般的显赫地位，而采用这种防盗的埋葬方式，说明里面一定埋藏有令人期待的宝藏！这一发现令在场的人无不憋足了一股劲，发掘速度明显地加快了。

很快，墓葬的外形初步显露出来了。这是一座东向的甲字形大墓，东西长27米，南北宽17米，有一条长长的墓道。当挖掘到封土以下四五米深处时，沙子出现了，几乎就在同一个高度，北部和西部也发现了积沙。马俊才惊喜万分，毫无疑问，这是一座积沙大墓。据

古迹寻踪

史料记载，公元前11世纪周代商而分封天下，武王的弟弟蔡叔度被封于蔡，子孙相传享国500余年。可是，蔡王室墓地已在蔡国故城之外被发现，不可能在别的地方单独出现一个国君的墓葬。那么，这座高规格的积沙大墓会是谁的呢？

无主之疑

接下来的发掘中，在墓葬的东部一直没有发现沙面，这让马俊才感到一丝不安。直到墓室上方的土层被清理干净以后，马俊才的不安终于得到验证，一个令人震惊的景象呈现在人们面前：在墓室的东部出现了大面积的黑土，还发现了东汉时期的遗留物。在整个墓室东部共发现了7个汉代盗洞，其中一个盗洞通过用木板架设巷道的方式已经穿透墓壁进入了墓内，这种盗墓方式显然是为了对付墓中的流沙而设计的。这意味着最不可能发生的情况还是发生了。在东汉，盗墓者几乎挖空了墓室东部的积沙，对这座大墓进行了大揭顶式的毁灭性盗掘。好在墓室西部的沙层面还

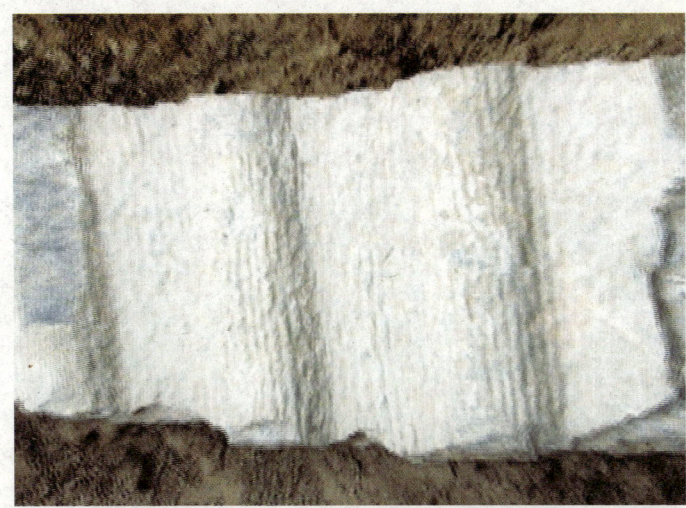

图组：墓葬东壁黑土中出现的汉砖以及大量盗洞

相当的平整，这似乎可以推断墓室西部还没有受到盗墓贼的破坏。因为墓道口朝向东方，所以西部应该是放置墓主人棺椁的位置，如果那一部分没有被盗的话，就像马俊才在挖掘过程中反复对工人们讲的，这个墓即便只剩下了一个角，出的文物都是很可观的。因为它的级别在诸侯墓中是最高等级的，不然不可能出现这种埋葬的方式。于是，西部便成了忐忑不安的人们希望的所在、主攻的方向。

可是，当工人们清理的深度已经低于墓道口约10米时，或者说加上墓葬封土的高度已经深入地下将

近20米时，人们还是没有发现棺椁的影子。根据马俊才发掘同时期墓葬的经验，这个深度无论如何也应该到达棺椁的位置了。出现这种意外的情况只能有两种可能：一是墓主人的棺椁还在更深的沙层下面；再就是这是一座假墓、是疑冢，墓中根本就没有埋葬墓主人的棺椁。就像史籍上记载的曹操为了防人对他篡汉泄愤或盗墓取宝，故设72座疑冢；又如后来的包公为防仇家报复做了21口棺材同时出殡一样，目的是混淆视听，让盗墓贼无从下手或徒劳无功。

就在马俊才疑惑不解的时候，工人们在接近墓室中部的地方清理出两个不起眼的小箱子，里面既没有尸骸也没有贵重陪葬物。

显然，这不可能是这座巨大墓葬主人的真正棺椁。

难道墓中真的没有埋葬墓主人的尸骨而只是迷惑盗墓贼的一个假墓吗？如此浩大的一个造墓工程，难道只是古人精心设计的一个骗局吗？如果真的是那样，那么这个墓葬的设计者是谁，他为什么要煞费苦心地设置这样一个千古骗局呢？

执著见功

发掘工作进行了两个多月，马上就要进入雨季了，但是墓室里面的沙层并没有到底的迹象。虽然马俊才心里也开始嘀咕还有没有继续发掘的必要，但他还是决定无论如何也要把沙子清理干净再下结论。

就在这时，工人们在清理沙土时突然发现沙面上印有很多红色的图案，这样的图案正是战国时期贵族墓葬棺椁上常用的装饰，沙子中还不时出现一些金箔，这让所有人都感到兴奋不已。这些现象至少说明，在更深的沙层下面还隐藏着人们不曾预知的东西。经过仔细清理，先是一些车马器的散碎零件，再是一个巨大的长方形椁室显露出来。虽然木制的椁板已经腐朽塌陷，但仍然可以看出清晰的轮廓。马俊才这时已能断定：这座古墓不是假墓，而是一座按高规格防盗要求设计诡异的高等级墓葬。

工人们继续清理墓室东部。当椁室东部的沙土被清理干净以后，大大小小的青铜器堆满了墓室东部，虽然大都破烂不堪，但是无论从数量还是个体的精致程度上，都可以看出这个墓葬的规格非同一般。但当人们小心翼翼地打开主棺时，马俊才虽在内找到了一把玉柄青铜剑和一把装饰美玉的铜削，但出人意料的是，这把剑的主人却不见踪影，只有半个破碎的

图组：沙面上显出的红色图案和不时清理出的些许金箔，对于一直怀着忐忑不安心情苦苦寻觅的人们来说，真是一个好兆头

古迹寻踪

是春秋战国相交之际楚灭蔡后镇守北方边陲的一位重要人物，而且这个人还可能与楚王有着某种特殊的关系。

但是由于古墓多次被盗，马俊才并没有找到一件

收获颇丰

头骨……

在屡遭盗掘的古墓中找到如此多的劫后宝藏，挖掘工作圆满结束。可是，马俊才最想破解的谜题还没有答案，就是在这座奇特的墓葬里面，埋葬的究竟是一位什么样的人物……

他是谁

根据墓的形制及出土文物与以往考古发掘中出土的文物进行对比，马俊才认定这是一座楚墓。因为墓中出土的一对制作十分精良的青铜方壶与1978年在河南淅川下寺一个楚国王子的墓葬中发现的一对方壶极其相似；而那些刻满了龙纹的金箔片拼接复原后的图案也与淅川下寺楚国王子墓葬内发现的装饰图案一模一样……再根据墓内发现的大量兵器以及主棺内墓主人的那柄配剑，这把青铜剑虽然断为三截，但剑刃部分依然十分锋利，不应该只是一种装饰品，很可能具有实战的用途。

据此马俊才推测，墓主人可能是一位楚国将军。可是，楚国将军怎么会跑到蔡国来呢？史料记载：公元前531年春天，楚灵王派自己的弟弟公子弃疾率领大军灭蔡，继而在蔡地设县，公子弃疾也就受封成为第一代蔡公。假如马俊才的推测成立，那么，墓主人应

图组：诺大棺材中仅存的物件：一把断成三节的玉柄铜剑、一只铜削和半个破碎的头盖骨。它们背后隐藏着什么样的信息？能告诉人们什么？

可以直接证明墓主人身份的器物。于是，马俊才又开始从那些青铜器上寻找突破点。因为在一些重要的青铜器上，古人经常会刻上铭文来记述事件。经过仔细观察，马俊才在青铜方壶的壶腹里发现了一些铭文，其中提到了一个名字——竞孙ＸＸ；又在一件青铜浴缶的盖上找到了一个令人费解的名字——曾侯舆。

可是，当年曾国与上蔡地区相距遥远，曾侯的用器怎么会到了楚国的墓葬里呢？鉴于在战国时代，诸侯国之间互赠礼物是常有的事情。因此经专家"会诊"，对这一现象作出了一个推测：当年曾国曾一度依附于楚国，可能是出于某种原因，曾侯舆把自己的浴缶送给了这座墓的墓主人。而作为一个国君，曾侯舆赠送礼物的对象，也一定是楚国位高权重的人物。

那么掩埋于黄沙之下的这位神秘人物到底是谁，也就是说方壶铭文中的那个"竞孙ＸＸ"又究竟是谁呢？

根据他的墓葬与淅川下寺的楚国王子墓有太多的相似之处，那他的身份极有可能也是一位王子。但是即使是楚王的墓葬，也没有采取如此大规模的积沙积石来防盗，这种反常的现象又该如何解释呢？

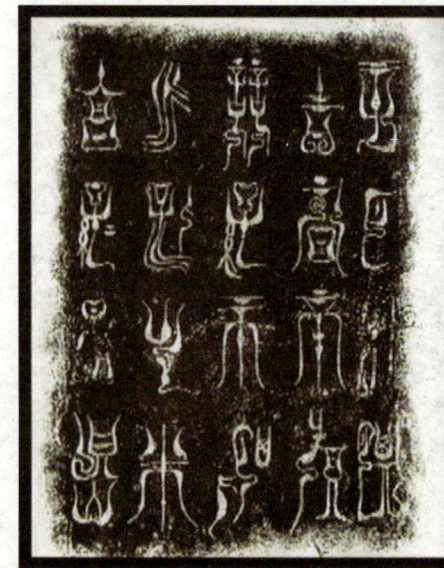

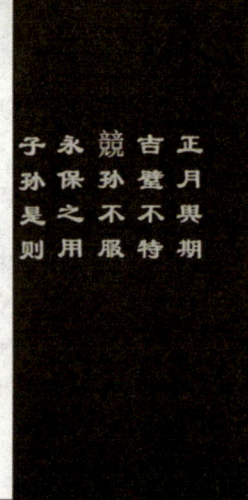

图组：方壶中铭文的拓片和浴缶上的铭文，它们为解开墓主人身份之谜提供了宝贵的线索。可惜线索太少了

马俊才接下来继续大量翻阅资料。一天，他突然发现，在传世的青铜器里面，有一件叫"竞钟"的，上面的"竞"字与积沙墓方壶上的"竞"字写法几

乎一样。当时，有专家对这个"竞"字进行过考证，认为这个"竞"字指的是楚平王，也就是第一代蔡公公子弃疾，他死后谥号为"竞"。那么，假如这个"竞孙"是一种标榜王族身份的称呼，积沙墓的主人可能就是做过蔡公的楚平王的后代。

按照这个思路，如果说"竞孙"是楚平王的孙子，那么他就是一位王子，这个墓葬与楚国王子墓葬的诸多相似就得到了合理的解释；而作为王族后代，积沙墓的墓主人被派到他的祖先曾经做蔡公的地方担任相同的职位是完全有可能的，而一个小国的国君曾侯向他赠送礼物也就是一件很自然的事情。

至于这位竞孙之所以要处心积虑地修这座积沙大墓，马俊才根据历史记载分析认为，他可能是受到了楚平王被伍子胥掘坟鞭尸下场的刺激。因此，他想用这种方式，为自己建造一个永远不受侵扰的地下世界。

竞钟。"竞孙××"铭文经与上面的铭文进行比照，墓主人的身份终于有了一个较合理的推解

通向地球过去的时空隧道

全球正在变暖,世界将变得越来越不利于人类居住的种种猜测层出不穷。那么,未来地球到底会变成什么样子?如何能科学、准确地预测地球的未来呢?古人说得好:温故而知新。

时空隧道

全球变暖将导致我们人类赖以生存的地球环境发生变化,许多科学家已经介入了这个领域的研究,研究的重要途径之一就是通过了解以前地球的景象是个什么样子、又是如何变成现在这个样子的过程来更加准确地预测地球的未来。其实,探求地球遥远历史的路子并不像人们想象中的那么神秘,在人们看来很平常的东西就可能成为通向过去的时空隧道。

树木年轮:大多数人都知道树木年轮是判断树木年龄的依据,但在科学家眼中,它还是环境变化的记录计,因为树木的生长除了受到气温、降水、土壤和地形等自然环境的影响外,还会受到环境污染及大气成分变化、地震、火山爆发等的影响,当然人为因素造成的环境污染也不例外,都会被一一记录在案。比如规模较大的火山爆发,会使大量灰尘和气体进入高层大气遮蔽阳光,导致温度降到冰点以下,从而在树内留下一道叫做霜轮的特殊标记;而地震则会给树造成损害,使树在以后的一些年中产生较薄的年轮……因此通过对年轮宽度、年轮结构和年轮中元素浓度的分析,可以推测过去的环境变化。

虽然自美国科学家道格拉斯始人们对树木年轮的研究仅有约百年的历史,但却取得了相当出色的成果。如运用考古资料,世界上最长的树木年轮年表已经突破了万年界线,不仅为人类了解过去全球环境变化提供了极好的手段,而且为碳14定年方法提供了校正曲线;又如中国科学家在青海采集了240多棵祁连圆柏树芯及10棵古树圆盘样品,通过对它们的年轮宽度进行测量,再与活树样品的年轮宽度序列进行交叉对比,发现时间最早的年轮可追溯到公元前326年,

树木的年轮。对于科学家而言,它蕴含的信息可谓包罗万象

图组：湖芯中提取的孢子和花粉的显微图片。人们从中可知，它们是什么年代的，属于谁，而谁又适于在什么环境中生长。于是，那个年代的环境便不难得知了

并建立了从公元前326年至公元2000年的树木年轮序列表等等。

湖泊沉积：在湖泊长期演化的过程中，水体之下的"淤泥"会越沉越多。于是，这些湖泊沉积物也就成了记录过去地球环境信息的档案库。

通过钻探方式来获得的湖泊沉积物样品称为湖芯。湖芯里通常含有一定量经年累月随风飘落的、有着坚硬外壁极易保存的孢子和花粉。因此，科学家借助于显微镜分析鉴定技术可以确定沉积物中各种化石孢粉的类型，从而进一步得知这一区域在某一时间段内的植被组成以及不同时间段内植被、环境的变化，比如云杉、冷杉的孢粉组合就可以代表寒温带针叶林气候环境。

此外，如果取样时走运，有些湖芯会具有明暗相间的纹理，这些纹理更是记载了大量的环境变化如气温、降水等信息，具有很高的时间分辨率。比如通过不同层次间沉积物颗粒大小的分析，便可推断出它形成年代的气候是干还是湿，因为气候干时湖水水位肯定就低，沉积物的颗粒大；气候湿润时期，湖水水位上涨，沉积物的颗粒小。不仅如此，沉积物里还会有微体动物化石，通过对这些生物进行分析研究也可以推算出它们活着时湖水的温度和盐度……

冰芯：在地球的南极、北极地区和一些海拔高的山上，都存有终年不化的冰川。在这些旷古寒冰的冰芯里，仍封存有一些远古时期积雪成冰过程中残留在里面的空气泡，它能够告诉人们当时大气的成分。比如法国科学家从南极钻取的形成时代不同的冰芯中，得知了过去42万年以来地球大气中二氧化碳浓度的变化情况，发现现在大气中的

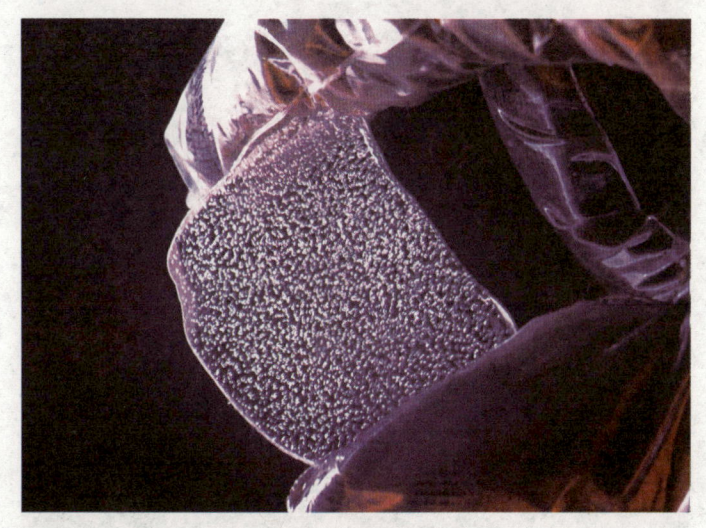

冰芯中的这些气泡白点，这可是绝对没有受过人类活动污染的纯净空气，但要呼吸这样的空气对如今的人们来说已经是一种不可及的奢求了

二氧化碳浓度是42万年以来最高的。

此外,地球历史上的火山喷发信息也可以从冰芯里获取。因为多数火山喷发都以强酸(主要是硫酸)的形式在冰芯中留下痕迹,因此通过对不同时期冰芯的连续电导率以及酸性的测定,就能获知历史上的火山喷发情况。比如根据格陵兰冰芯记录推断的近2 000年以来的69次火山喷发情况,其中有85%是与文献记录的火山喷发相吻合的。

不仅如此,所有在大气中循环的物质都会随大气环流抵达冰川上空,并沉降在冰雪表面,最终形成冰芯记录。它不仅提供了不同时期大气气溶胶、沙漠演化、植被演替、生物活动、大气环流强度、火山活动信息等等,同时也记录了人类活动对环境影响的各种信息,比如格陵兰冰芯记录表明,古希腊和古罗马时期冰芯中铜元素的含量明显偏高,这肯定与罗马帝国因为制造军备器械和钱币等对于铜合金的大量冶炼有关。

黄土:中国的黄土高原总面积达58万平方千米,是世界上最典型的黄土地貌区,科学家也在这里深厚的黄土地层中发现了地球过去的秘密。

在厚厚黄土层的剖面上,可以看到颜色不同的条带,这些颜色不同地层的形成同样与当时的气候环境密切相关。比如气候干冷的时期,沙漠扩张,风尘堆积加速,地表普遍形成黄土层;而气候温暖湿润的年代,风尘堆积相对缓慢,地表发生强烈的生物风化成壤作用,会在当时的地表形成棕壤、褐土等肥沃土壤。若干年后,这层沃土被深埋于地下,在剖面上形成一条色泽较深的线。

此外,古气候的温暖湿润程度决定了磁性矿物生成量的多少和大小。温暖湿润的时期,磁性矿物生成量多、颗粒小;而在风较强的时期,黄土中的粗颗粒含量增多,这只要在不同土层中一扒拉便一目了然。

还有,黄土中的生物化石比如啮齿类化石、孢子花粉、陆生蜗牛化石等的分布,也和当时的气候环境相关。中国科学家通过分析土层里的这些秘密,先是建立了250万年来的古气候记录,之后又向前推到600万~800万年,近几年又追溯到更遥远的2 200万年前。

黄土高原的土层剖面。它无言地告诉了人们万千年来气候、环境的变迁